Geschichten und Erinnerungen

Briefe
aus meinem Garten

Widmung

Für Lisa

Ich gehöre zu den Menschen, die gerne Briefe schreiben. Als meine Großcousine Lisa, die in Kanada lebte, erkrankte, nahm ich mir vor, ihr regelmäßig zu schreiben. In meinen Briefen erzählte ich ihr von meinem Garten, denn ich wusste, dass sie – ebenso wie ich – sehr naturverbunden war. Ihre Freundin Michèle schrieb mir, sie würde meine Zeilen »wie Champagner trinken«. Das hat mich dazu ermutigt, ein Buch daraus zu machen und *Briefe aus meinem Garten – Geschichten und Erinnerungen* mit den einfühlsamen Fotografien von Ferdinand Graf Luckner in die Welt hinauszuschicken. Möge die Lebensfreude, die daraus spricht, ansteckend wirken!

Ich danke Bettina Schreyer und Elisabeth Sedlmair, die mir als Lektorinnen zur Seite gestanden haben, meiner Tochter Charlotte Albarrán, die die Entwicklung meines Buches mit so viel Interesse verfolgt und mich kontinuierlich ermutigt hat, meiner Tochter Margarethe Mast für ihre künstlerischen Anregungen, meinem Sohn Carlo für seine Wertschätzung, Herrn Zondler für seine konstruktive Kritik und all denen, die mich in meiner Arbeit begleitet haben.

Nicht zuletzt verdanke ich dieses Buch meinen Enkelkindern Frida, Gabriel und Leonard Albarrán und Helene Doll, der Tochter der Lebenspartnerin meines Sohnes, Alexandra Doll, die so viel Freude in mein Leben und in meinen Garten gebracht haben.

München, den 1. Dezember 2016

Prolog

*Der Garten als Sinnbild des Paradieses
ist so alt wie die Menschheit selbst*

Rückzug und kontemplative Abkehr von der äußeren Welt ermöglichte der Garten von alters her. Plinius der Jüngere, als Vertreter des römischen Patriziats, schilderte detailreich in seinen Briefen die Schönheit der Villa Tusci und des umgebenden Gartens. Im Mittelalter diente der »Hortus Conclusus« den Mönchen zur inneren Einkehr. Nach der französischen Revolution wurden die ehemals königlichen Gärten geöffnet und öffentliche Parks entstanden. Die Gründung von Kleingartenvereinen (Schrebergärten) Mitte des 19. Jahrhunderts demokratisierte endgültig dieses ehemalige adelige Privileg.

Der Mensch ist als Teil der Natur den lebens- und jahreszeitlichen Zyklen unterworfen, ebenso wie die Tier- und Pflanzenwelt. Diesen organischen Prozess der Besinnung eröffnet das Buch der Autorin. Ich freue mich, dass das vorliegende Buch in dieser Form erscheinen kann, und wünsche ihm viele aufmerksame Leser.

Thomas Zondler

Woher die Liebe kam ...

Wenn ich nach Hause komme, öffne ich als erstes die Terrassentüre zum Garten, und wenn mein Blick dann ins Grüne fällt, atme ich erst einmal tief durch. Und augenblicklich erfüllt mich Wohlbefinden. Ja, der Garten ist Mittelpunkt in meinem Leben.

Aber woher habe ich nur diese Liebe zur Natur? Von meinen Eltern bestimmt nicht! Denn ich kann mich nicht erinnern, dass meine Mutter jemals Blumen in eine Vase gestellt oder gar selbst welche gepflückt hätte. Wenn wir spazieren gingen, war sie meistens so eifrig im Gespräch, dass sie kaum auf die Natur um sich herum achtete. Auch mein Vater hatte offensichtlich wenig für die Natur übrig. Er begnügte sich damit, die Landschaft aus dem Auto heraus zu betrachten und mir näherzubringen, indem er zum Beispiel sagte: »Schau doch mal, da links sind Tulpenfelder!« Wenn wir am Meer waren, saß er im Anzug am Strand oder trank ein Bier in einem Strandcafé, statt mit mir im Sand zu spielen, am Meer entlangzugehen oder Muscheln zu sammeln. Doch mit seinem Hausboot ist er leidenschaftlich gerne auf den Kanälen herumgeschippert, dieses Naturelement lag ihm im Blut, darin war er ein waschechter Holländer!

Wann hat es also mit meiner »großen Liebe« angefangen? Ich denke, mit meinem holländischen Großvater, der mit mir in den Park ging, geduldig zusah, wenn ich Blumen pflückte und mit mir hingebungsvoll die Tiere fütterte. Um die Natur wahrnehmen zu können, bedarf es der Ruhe und der Versenkung, und diese Gabe hatte er. Und es war wiederum meine deutsche Großmutter, die wir in den Sommerferien in München besuchten, die mir die Liebe zum Garten vorlebte. In ihrem Schrebergarten konnte ich erfahren, was die Natur so alles hervorbringen kann und ich durfte von all den süßen Früchten naschen. Der Wechsel von Holland nach Deutschland – von den sparsamen Großeltern zur generösen deutschen Großmutter – war nicht gerade leicht für mich. Wenn wir in Holland eingeladen waren, durfte ich mir nur ein Plätzchen nehmen, wenn sie mir dargereicht wurden – und dann auch wirklich nur eins. Meine Mutter machte sich mit einer Pantomime über die holländische Sparsamkeit lustig. Sie tat, als ob sie in jeder Hand einen Plätzchenteller halten würde und bot zunächst vom einen an mit den Worten »Möchtest du von diesen?«, zog dann blitzschnell die Hand zurück und die andere mit dem zweiten, imaginären Plätzchenteller kam zum Vorschein, »Oder lieber eins von diesen Plätzchen?«, was anschaulich machen sollte, dass man sich nicht etwa von beiden etwas nehmen durfte, sondern sich für eins entscheiden musste. Wir kugelten uns vor Lachen! Bei meiner Großmutter in München standen die Plätzchen großzügig auf dem Tisch, und es hieß einfach nur: »Dinachen, bedien' dich doch!« – was ich mich jedoch nicht wirklich traute ... Als ich Omi einmal mit »Sie« ansprach – wie ich das aus Respekt zu meinen holländischen Großeltern zu Hause immer tun musste – fuhr sie mich entsetzt an: »Warum siezt du mich denn? Bin ich etwa eine Fremde für dich?« Wie sollte ich mich nur bei diesem Durcheinander der Sitten auskennen?

Im Schrebergarten meiner Großmutter trafen wir oft die Brüder von meiner Mutter und Tante Ida: Fred, praktischer Arzt, und Friedrich, genannt Fritz, Heilpraktiker – was in der Familie für reichlich Zündstoff sorgte. Vor Onkel Fritz fürchtete ich mich als Kind ein wenig, denn er hatte ein breites Gesicht und schräge Augen, eine Glatze und trug meistens eine Baskenmütze, was mir irgendwie verdächtig vorkam. Onkel Fritz war sehr naturverbunden. Er ging mit uns in die Berge, zeigte uns die bayrischen Königsschlösser, watete mit uns durch eiskalte Kneipp-Bäder, führte zu meinem Leidwesen das Müsli bei uns ein und brachte mir mit einer Engelsgeduld das Schwimmen bei, sodass ich allmählich mein Misstrauen ihm gegenüber verlor. Die Zeit, die wir in München verbrachten, war immer sehr freudvoll.

Als ich mit neun Jahren in die Schweiz ins Internat kam, wurde meine Liebe zur Natur endgültig besiegelt. Im Sommer machten wir lange Wanderungen, picknickten auf der Wiese und pflückten Bergblumen, die wir trockneten und mit denen wir die Briefe an unsere Eltern schmückten. Im kleinen Wäldchen neben dem Chalet bauten wir Hütten, und sogar wenn es regnete, gingen wir in Regenmänteln eingepackt spazieren. Im Winter wirkte die Berglandschaft wie ein Märchen, der Schnee und die Eiszapfen, die am Dach des Chalets hingen, funkelten in der Sonne und wir freuten uns auf all die winterlichen Attraktionen, wie Rodeln, Schlittschuhlaufen und Skifahren. In diesen drei Jahren meines Lebens habe ich die Natur nicht nur wahrgenommen, ich habe sie gerochen, geschmeckt, in mir aufgesogen und sie ist mir dadurch so ans Herz gewachsen.

Als ich später eine Familie hatte, bin ich zum ersten Mal in den Genuss eines eigenen Gartens gekommen. Es waren derer viele im Lauf meines Lebens, und jeder hatte seinen eigenen Reiz. Aber erst, als ich stolze Besitzerin eines eigenen Hauses wurde, konnte ich mir manch einen Traum erfüllen, nach dem Motto »My home is my castle!«. Ich finde, jeder sollte im Garten seine Träume verwirklichen und sich darin auf keinen Fall von anderen beirren lassen. Denn ich kann mich noch gut an einen Gast erinnern, der – aus Neid oder Unverständnis, auf jeden Fall mit der Dickhäutigkeit eines Elefanten – zu mir sagte: »Ein Barockgarten? Das passt doch gar nicht hierher!« Das hat mich damals sehr verletzt und verunsichert. Inzwischen bin ich zum Glück gelassener, sodass ich derartige Angriffe leichter an mir abprallen lassen kann. Jeden Tag bin ich erneut dankbar über das »kleine Paradies«, das ich mir selbst erschaffen habe, und in *Briefe aus meinem Garten – Geschichten und Erinnerungen* will ich versuchen, es in Wort und Bild zu beschreiben, um meine Freude darüber mit anderen zu teilen. Denn nur durch Teilen vermehrt sich das Glück.

Inhalt

Widmung   S. 5
Prolog   S. 6
Woher die Liebe kam ... S. 9

Frühling S. 14

Die ersten Frühlingsblüten S. 17

Es wohnt ein Elf in jeder Blüte S. 21

Ein Paradies für Kinder S. 24

Garteninspirationen S. 29

Unverwüstliche Stiefmütterchen S. 35

Über Rosen und Rotkehlchen S. 39

The greatest Show on Earth S. 43

Sommer S. 50

Unter der Eiche S. 53

Badefreuden und Badminton S. 59

Ein Sonntag im Juni S. 61

Rauschende Feste, Grillpartys und mehr ... S. 67

Die Hippie-Party S. 73

Ich träume von einem Hauskonzert S. 79

Zurück aus dem Tessin S. 83

Von Schönheitsliebe und Schneckenplage S. 89

Herbst S. 94

Wer was versteht von Gemütlichkeit S. 97

Ward ein Blümchen mir geschenket S. 103

G'schichten von meinem Gärtner S. 111

Ein Vogel im Schlaraffenland S. 116

Indian Summer S. 119

Kürbissuppe oder Liebe geht durch den Magen S. 123

Winter S. 130

Metamorphosen – Von der Leidenschaft des Einrichtens S. 133

Es schneit … S. 137

Weihnachten bei uns zu Hause S. 145

A Passion for Flowers S. 153

Der Garten im Winterschlaf S. 161

Ausklang	S. 169
Epilog	S. 171
Erläuterungen	S. 172
Literatur	S. 174
Viten	S. 175
Impressum	S. 176

Frühling

Rechts:
Die ersten Blausternchen
spitzen aus der Erde.

Unten:
Lilienblütige Tulpen
sind mir die liebsten.

Die ersten Frühlingsblüten

Nur schade, dass ich letzten Herbst nicht daran gedacht habe, Tulpenzwiebeln in Terrakotta zu pflanzen und im Schuppen zu überwintern; damit hätte ich jetzt den Garten schmücken und meine Gäste beeindrucken können

Oben: Lila Krokusse blühen mit gelben um die Wette.

Liebe Lisa,

die nächsten Tage soll es angeblich warm bleiben. Wie schön! Dann taut endlich der ganze Schnee weg, und ich kann im Schutz der Hauswand ein bisschen Sonne tanken, während sich die Insekten an den ersten Blüten laben. Außer Schneeglöckchen und Winterlingen, die unter dem Schnee verborgen waren, blühen schon ganze Scharen gelber und lila Krokusse im östlichen Teil des Gartens und leuchten um die Wette. Als ich heute herumging, um Zweige, die der Sturm von den Bäumen gerissen hatte, für den Kamin aufzusammeln, entdeckte ich sogar schon die ersten Blausternchen und Traubenhyazinthen auf der Wiese und musste furchtbar aufpassen, die zarten Pflänzchen nicht zu zertreten. Ach, wie ich mich immer über diese ersten Frühlingsboten freue! Unter der Ligusterhecke zeigen sich überall Leberblümchen, und auch Tulpen spitzen schon hervor – das altmodische Wort »Tulipa« gefällt mir so gut. Da muss ich plötzlich daran denken, wie Maggy[*1], als sie ein Jahr alt war, im Garten eine ganze Reihe Tulpen geköpft hat, wonach es aussah wie kurz nach der Revolution …

Hoffentlich bekommen wir keine Kälte mehr, damit das alles nicht erfriert. Der Schneeball ist über und über mit rosa Blüten bedeckt, die wunderbar duften.

Heute habe ich zum ersten Mal »gegartelt«, Unmengen an Bucheckern von der Wiese aufgesammelt und Eicheln aus der Erde gezogen, die angefangen hatten zu keimen. Jetzt, wo der Winter zu Ende geht, fange ich an, mit offenen Augen von all den Blumen und Blüten zu träumen, die mich bald erfreuen werden: von den duftenden weißen Dichternarzissen auf der Nordwiese, den lilienblütigen Tulpen im Barockbeet, die aussehen, als hätten sie kleine Krönchen auf, und von den früh blühenden Sträuchern wie Forsythie, Zaubernuss und der leuchtend gelben Mahonie, die immer jede Menge Bienen und Hummeln anzieht.

Bald kann ich schon Stiefmütterchen und Hornveilchen kaufen. Nur schade, dass ich letzten Herbst nicht daran gedacht habe, Tulpenzwiebeln in Terrakotta zu pflanzen und im Schuppen zu überwintern; damit hätte ich jetzt den Garten schmücken und meine Gäste beeindrucken können. Das darf ich dieses Jahr nicht wieder vergessen! Vielleicht kann ich ja ein paar rot-gelb gestreifte Papageientulpen ergattern, die machen bestimmt Furore! Bis

Oben links:
Duftende Winter-Heckenkirsche.

Oben rechts:
Tulpen in meiner Majolika-Vase aus Italien.

ich jedoch in meinem Garten wieder in Blumen schwelgen kann, will ich mir nachher einen Blumenstrauß in leuchtenden Farben gönnen gegen die Tristesse des Alltags und damit ein bisschen Frühling in meine vier Wände bringen. Lange kann es ja nicht mehr dauern, bis die Wonne draußen beginnt. »Winter, Ade …«

Alles Liebe
D.

Unten links: C. M. Barker hat die Narzisse so wunderbar gezeichnet.
Unten rechts: Das Bienenhaus hat seinen Platz unter dem Weißdorn und der Buche gefunden.

Es wohnt ein Elf in jeder Blüte

*Das Bienenhaus unterstreicht den ländlichen Charme
des hinteren, nördlichen Gartenteils mit dem großen Weißdorn
und der Wiese, die im Frühling voller weißer Narzissen steht*

Liebe Lisa,

jetzt haben wir April, und wir alle warten ungeduldig auf den Frühling. Jedoch am Abend ist es noch kühl und wir sitzen am Kamin, du weißt schon, der aus Marmor, den Carlos Vater und ich damals aus der Toskana mitgebracht haben; die Kinder hatten kaum Platz im Auto, weil er unbedingt mit musste …

Es ist so behaglich, wenn der Kamin an ist. Und wir haben wunderbares Akazienholz, das ganz langsam und ruhig vor sich hin brennt. Es sieht auch sehr ästhetisch aus; Ewald*[2] hat es ordentlich am Gartenschuppen aufgeschichtet, und manche Stücke verteidige ich vor dem Feuer, weil sie einfach zu schön sind. Der Schuppen ist ein ehemaliges Bienenhaus, das bei unseren Nachbarn stand. Es sollte abgerissen werden. Da habe ich meine Zurückhaltung überwunden und gefragt: »Darf ich es vielleicht haben?« Keine Mühe wurde gescheut, um das Bienenhaus auf unserem Grundstück wieder aufzubauen. Nun unterstreicht es den ländlichen Charme des hinteren, nördlichen Teils mit dem großen Weißdorn und der Wiese, die im Frühling voller weißer Narzissen steht. Von dort aus sieht man auf den ältesten Teil unseres Hauses, der in den Dreißigerjahren erbaut worden ist und so schön altmodisch aussieht. Auch das Akazienholz hat eine Geschichte. Die Akazie wuchs auf dem Grundstück unserer Nachbarinnen auf der anderen Seite und ich fand ihren Duft im Frühling immer betörend. Eines Tages sagte eine der alten Damen: »Die Akazie muss gefällt werden, sie ist sehr krank.« Ich muss ziemlich zerknirscht ausgesehen haben, denn sie fügte schnell hinzu: »Akazienholz ist ausgezeichnetes Brennholz! Wollen Sie davon etwas haben für Ihren Kamin?« Ich trauerte, doch ich sah ein, dass es sein musste – wir hatten schließlich auch zwei Birken fällen lassen müssen, wovon nun eine efeuberankt als Baumruine im Garten steht.

Magst du Honig? Akazienhonig soll ja sehr delikat sein. Ich kann es nicht beurteilen, weil ich mir nichts aus Honig mache. Ewald hingegen verschlingt wie ein Bär – manchmal ist er auch ein Brummbär – täglich Unmengen davon. Sein Freund ist Bienenzüchter und Landschaftsgärtner und liefert ihm ständig Nachschub. Und er hat im ausgehenden Winter unsere Apfelbäume so fachmännisch geschnitten, dass man jetzt schon sehen kann, wie gut sie sich entwickeln. Da fällt mir ein, wie Carlos Vater den Apfelbaum, den Ulrike und Achim uns zum Einzug geschenkt hatten, bei strömendem Regen einpflanzte. »Arm Papa!«, sagte Carlo, der damals zwei Jahre alt war voller Mitgefühl, während er seinem Vater vom Wohnzimmer aus zusah. Hoffentlich gibt es dieses Jahr eine gute Apfelernte. Eigene Äpfel zu ernten bedeutet eine große Freude, denn sie duften so wunderbar. Ich lege sie im ganzen Haus aus. Und dann kann ich auch wieder Apfelkuchen backen nach dem Rezept meiner Mutter. Stell dir vor, Carlo hat ihn einmal gebacken und mir zum Beweis ein Foto davon geschickt. Doch bis zur Apfelernte geht noch eine ganze Gartensaison ins Land, auf die ich mich jetzt schon freue. Die Tulpen und Narzissen sind bereits im Anmarsch ... Die englische Kinderbuchautorin Cicely Mary Barker hat in ihrem Buch *Es wohnt ein Elf in jeder Blüte* fantasievolle Zeichnungen von so vielen Blumen gemacht, unter anderem auch von der Narzisse – herrlich! Ich verbinde die Narzisse mit Ostern.

Da fällt mir eine lustige Geschichte aus meiner Kindheit ein. Zu Ostern kam uns die Omi aus München besuchen. Sie brachte mir den Plüschhasen Picobello mit, den sie gut sichtbar aufs Sofa setzte. Obwohl mir das nicht entgangen war, nahm ich gar keine Notiz von ihm, was Omi verständlicherweise ziemlich enttäuschte. Nachdem ich offensichtlich vergeblich überall im Wohnzimmer herumgesucht hatte, stellte ich mich ostentativ vor Picobello auf, die Hände kess in die Hüften gestemmt und beschwerte mich lautstark bei ihm: »Hast du mir denn keine Ostereier mitgebracht?« Tja, da war Omi wohl ein Regiefehler unterlaufen ... Diskret entfernte sie den Osterhasen vor meinen enttäuschten Blicken. Doch im nächsten Jahr kam er wieder, diesmal mit einem Ränzel voller Ostereier auf dem Rücken, um mich glücklich zu machen.

Liebe Ostergrüße,
Deine D.

Ein Paradies für Kinder

Wenn sonntags die Fontäne eingeschaltet war, war es erquicklich, dem unablässigen Wasserplätschern zu lauschen

Liebe Lisa,

ein Garten, ob groß oder klein, ist ein Paradies für Kinder, eine in sich abgeschlossene, kleine Welt für sich. Das Kind kann darin lernen, die Natur wahrzunehmen und zu beobachten, und sie in sein Spiel miteinbeziehen. Wenn Ewald meine Enkelkinder in der Schubkarre durch den Garten fährt und zum wiederholten Male wie in einem Karussell mit ihnen hinter dem Haus wieder auftaucht, muss ich an meinen Großvater denken, der auch immer viel Zeit für mich hatte. Im Garten meiner Kindheit gab es einen Sandkasten, den er für mich in der Nähe der roten Johannisbeere, von deren sauren Früchten ich so gerne naschte, gebaut hatte.

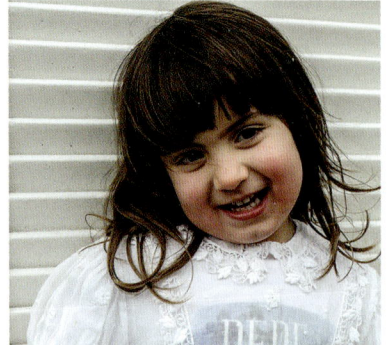

Hier rührte ich blubbernde Sandmatsche, warf Hügel auf und grub Gänge, durch die mein Bruder und ich unsere Murmeln kullern ließen. Und Opa hatte eine Schaukel im Türrahmen unseres Schuppens befestigt, sodass ich, wie bei einem kleinen Wetterhäuschen, schaukelnd in den Schuppen verschwand, um daraus immer wieder hervorzukommen.

Wenn Ewald im Winter Futter ins Vogelhaus streut, kommt mir wieder mein Großvater in den Sinn. Zusammen reihten wir Erdnüsse und Käsestückchen an einer Kette auf und hingen sie in den Vogelbeerbaum mit seinen orangefarbenen Beeren. Und wenn ich Entengeschnatter höre, bin ich wieder das Kind, das an Opas Hand in den Park geht, um die Enten und Schwäne zu füttern; dann habe ich den Geruch von Tang und aufgeweichtem Weißbrot in der Nase. Als die Schwäne einmal ihre Küken spazieren führten und Opa sie wie gewöhnlich mit trockenen Brotkrumen fütterte, kam auf einmal ein Schwan mit brausendem Gefieder aus dem Wasser gestürmt und biss ihn vehement in den Fuß – was mich tief erschütterte, weil ich meinen Großvater, der für mich absolute Sicherheit verkörperte, noch nie zuvor verletzbar oder in Not erlebt hatte. Er war ein großer, stattlicher Mann mit sanften, blaugrauen Augen, zu dem ich grenzenloses Vertrauen hatte. Wenn ich daran denke, wie viel Ruhe von ihm ausging, wenn er Kartoffeln schälte – so hauchdünn, dass die Schalen in langen, gewundenen Girlanden herunterhingen – oder wenn er nachdenklich an seiner Pfeife zog, dann vermisse ich ihn ...

Am Hauseingang hatte meine Mutter ein paar Rosen in zarten Farben gepflanzt, die süß dufteten und, auch wenn es im Garten meiner

Links: Holländisches Stillleben in meiner Küche.
Oben: Ich in meinem Kindheitsgarten.
Gegenüberliegende Seite: Meine Enkelin Frida schäkert mit Ferdinand, dem Fotografen.

Kindheit Blumen nicht in verschwenderischer Fülle gab, ist meine Liebe zu ihnen wohl damals durch diese Düfte geweckt worden. Meine »Folie des Fleurs« ist inzwischen auf meine Enkelkinder übergesprungen, besonders auf Leo. Er pflückt, genau wie seine Mama, gerne ein Sträußchen für mich. Helene, die Tochter von Carlos Freundin, hat, als sie klein war, Ketten aus Gänseblümchen geflochten. Das hat mich an meine eigene Kindheit erinnert, als ich mit meinem Puppenwagen im Park unterwegs war und ich mich, genau wie sie, mit Ketten aus Gänseblümchen schmückte. Dabei verlor ich einmal meinen kahl geschmusten Teddybär. Ich weiß noch, wie ich alle Wege ablief und unter die Büsche kroch und verzweifelt nach ihm suchte. In diesem Augenblick hatte der Park plötzlich einen bedrohlichen Charakter angenommen.

Doch die Mehrzahl meiner Erinnerungen ist von heiterer Natur. Immer war der Park zentraler Schauplatz und Treffpunkt. Im Winter lief ich Schlittschuh auf dem Teich – bei meinen ersten Versuchen hielt ich mich an einem Stuhl fest, den ich über die Eisfläche schob – und im Sommer, wenn sonntags die Fontäne eingeschaltet war, war es erquicklich, dem unablässigen Wasserplätschern zu lauschen. Mit dem Roller – meine Mutter nannte es »Radl-Rutsch« – fuhr ich alle Kieswege ab und kam zu ihrem Leidwesen oft mit blutenden Knien nach Hause, wir machten Hüpfspiele, liefen auf Stelzen, spielten »Vater und Mutter« und natürlich »Indianer«. Ewald hat im Garten einmal einen Wigwam für die Jungs gebaut, aus Pfählen und einer Decke und eine Faschingsperücke als Skalp daran gehängt. Wenn ich auf dem Foto Leos leuchtendes Gesicht sehe, als er den Wigwam in Besitz nimmt, erinnert es mich an das Zelt, das mir mein Vater einmal mitgebracht hat, und werde in Gedanken an den Plastikgeruch, der sich in der Sonne entfaltete, wenn ich mit Keksen, Limonade oder einem

selbst gemachten Wassereis darin lag, innerlich wieder glückselig. Genauso vertraut roch auch meine dunkelhäutige Puppe Ida Chiquita, die ich inniglich liebte. Ich weiß noch, wie ich mir die Nase am Schaufenster platt drückte, von wo aus sie mich – adrett im roten Kleid mit weißen Punkten – mit ihren dunklen Augen anstrahlte. An meine Kinder-Geburtstage habe ich glückliche Erinnerungen. Meine Mutter organisierte Spiele, wie zum Beispiel »Blinde Kuh«, wobei es immer Preise gab. Sie hatte

dafür Kleinigkeiten besorgt, wie Rosenwasser, Seifenblasen oder mit Zuckerperlen gefüllte Puppenfläschchen, und ich hatte mich schweren Herzens von ein paar Spielsachen getrennt, die wir gemeinsam auf Hochglanz gebracht hatten. Außerdem war es Tradition, dass Mama in der Woche vor meinem Geburtstag die ganze Puppenkleidung wusch, die dann fröhlich im Garten an einer langen Wäscheleine flatterte. Ach, die alten Kindertage – sie kehren nicht zurück … Ist es nicht ein Trost, dass wir bei unseren Kindern und Enkelkindern noch einmal in dieses Gefühl eintauchen und, indem wir ihnen Geborgenheit schenken, selbst ein Stück von dem bekommen können, was uns früher vielleicht einmal gefehlt hat?

Liebe Grüße,
Deine D.

Unten links: Tine van Driesten hat mein Haus liebevoll in Aquarell gemalt.

Rechts: Der Garten meines Bruders im niederländischen Doorn.

Ganz unten: Dicke Buchshecken unterteilen meinen Barockgarten.

Garteninspirationen

Am schönsten ist es, an einem regnerischen oder nebligen Tag durch den Nymphenburger Schlosspark spazieren zu gehen; dann hat man den Park für sich alleine

Liebe Lisa,

ich bin gerade von einem Spaziergang durch den Schlosspark von Schleißheim zurückgekehrt, wo man sich in ein vergangenes Zeitalter zurückversetzt fühlt und den Alltag ganz hinter sich lässt. Vor dem Schloss säumen Blumenrabatten in wenigen, aufeinander abgestimmten Farben und kleine Buchspyramiden die akkurat gepflegten Kieswege, und die große Fontäne macht alles so feierlich. Ich mag den hinteren Teil des Parks besonders gerne, wo man links und rechts vom Kanal, der zu Schloss Lustheim führt, auf von Buchenhecken begleiteten Wegen in Bereiche wandelt, die wie Irrgärten wirken und wo lichte Grasflächen von gespenstisch aussehenden Buchen umschlossen sind. Wie in einem Märchen.

Ich liebe Schlossgärten! Am schönsten ist es, an einem regnerischen oder nebligen Tag durch den Nymphenburger Schlosspark spazieren zu gehen; dann hat man den Park für sich alleine. Was ich an diesen Parks so mag, ist die Illusion von Landschaft, die jedoch von Menschenhand geschaffen wurde: ein Flusslauf, über den eine romantische Brücke führt, eine Bank an einem See, wo der Blick zu einem sanft ansteigenden Hügel in der Ferne schweift, auf dem malerisch ein Monopteros steht, ein Pfad, vorbeiführend an einem Bach und einem Waldstück, auf dem man zu einem Jagdschlösschen gelangt – wie der Amalienburg. Mit ihrem eleganten, silbernen Stuck ist sie eines meiner Lieblingsziele. Um die großen Schlösser herum ist der Garten nach französischem Vorbild gestaltet und streng gegliedert durch Buchshecken, Statuen, die längs der Wege Spalier stehen, und Fontänen auf hoch aufgetürmten Felsbrocken, die wie Grotten wirken. Aber je weiter man sich vom Schloss entfernt, desto mehr wird er zum Englischen Garten, der natürlich aussieht, auch wenn er angelegt ist.

Meine Liebe zu Schlössern und Schlossgärten führte mich auch nach Oberschlesien, dem jetzigen Polen. Ich war durch Onkel Fritz darauf aufmerksam geworden, weil er Bilder gemalt hatte von Schloss Groß-Wilkau, nach dem unser Familienzweig von Zedlitz und Wilkau ursprünglich benannt war, Petrikau, Schildau, Borganie und der Bolkoburg. Diese Schlösser waren für mich etwas ganz Besonderes, weil sie mit meiner Familienhistorie zusammenhängen. Auf diese Weise hatte ich das Gefühl auf Pfaden zu wandeln, auf denen schon einst meine Vorfahren wandelten.

»Die Kraft der Erinnerung kommt aus der Dankbarkeit«, vermochte Dietrich Bonhoeffer inmitten der Schrecken des Nazi-Regimes immer noch zu sagen. Ist es nicht bewundernswert, dass dieser Mann, der im Dritten Reich bereit war, für seine Überzeugung zu sterben, bis kurz vor seinem Tod anderen Menschen noch Mut und Kraft zusprechen konnte? Dietrich Bonhoeffer ist tief mit unserer Familie verbunden. Denn er war mit Ruth von Kleist-Retzow, geborene Gräfin von Zedlitz und Trützschler[*3], im Widerstand. Ruths Enkelin Maria von Wedemeyer war mit Dietrich Bonhoeffer verlobt[*4]. Ihr Bruder Robert Graf von Zedlitz und Trützschler ist als Hofmarschall des letzten Kaisers, Wilhelm II, in die Geschichte eingegangen. Nachdem er den Dienst beim Kaiser quittiert hatte, veröffentlichte er seine Tagebücher *Zwölf Jahre am deutschen Kaiserhof*[*5]. Daraufhin ist er von seiner Familie geächtet worden. Viele standen dem Kaiser kritisch gegenüber, es öffentlich auszudrücken, kam jedoch einem Verrat gleich. Im ehemaligen Oberschlesien haben wir auch das Herrenhaus Nieder-Großenborau besucht, in dem die Geschwister Ruth und Robert aufgewachsen sind, und das jetzt dem Verfall preisgegeben ist – ein weiteres trauriges Kapitel der Geschichte. Ruth, Robert und mein Urgroßvater Franz Adolf Moritz Edgar Graf von Zedlitz und Trützschler waren Cousins zweiten Grades, ihre Großeltern waren Geschwister. Jane Pejsa hat ein Buch über Ruth von Kleist-Retzow geschrieben[*6], das meine Mutter von Beate Springmann ins Deutsche hat übersetzen lassen. Tante Ida hat es Ruths Enkelsohn Heinrich von Kleist-Retzow geschenkt und im Gegenzug eine Ahnentafel der Familie erhalten, die uns wertvolle Hinweise auf Schlösser in Polen lieferte. Wir hatten das Glück, bei unserer Reise auf Schloss Schildau, das zu einem Hotel umgebaut worden ist, wohnen zu können. Schloss Lomnitz, das früher Schloss Zedlitz[*3] hieß, befindet sich in unmittelbarer Nachbarschaft und verfügt über ein hervorragendes Restaurant, sodass wir oft dort eingekehrt sind, um die landestypischen Piroggen zu essen. Die Gartenanlagen beider Schlösser sind von keinem Geringeren als dem Gartenarchitekten Peter Joseph Lenné gestaltet worden. Somit hatten wir gleich zwei ehemalige Familienschlösser als Basisstation, von wo aus wir all unsere Entdeckungsfahrten machen konnten. Entdeckung ist das richtige Wort, denn als ich mich auf die Reise begab, hatte ich keine Ahnung, was mich in Polen erwarten würde: Mir begegnete der Name von Zedlitz an fast jeder Ecke und die Anzahl der uns bekannten Familienschlösser verzehnfachte sich ungefähr. Was ich nach und nach aufdeckte, ist vergleichbar mit dem, was Archäologen antreibt – mit dem Unterschied, dass ich in meiner eigenen Vorgeschichte buddelte. Es erinnerte mich an die Schnitzeljagden, die mich während meiner Internatszeit in Atem gehalten hatten. Es war ein erhebender Moment, als wir das Familienwappen derer von Zedlitz am Tor der Kynsburg erspähten, in deren Mitte es über dem Spruch »fortiter et fideliter« unübersehbar eingemeißelt war. In der Wappensage heißt es: »Und wenn man von Treue und Tapferkeit spricht – Da fehlt auch der Name der Zedlitze nicht – Ihr Haus kommt nimmer zu Falle.«

Das Gefühl war unbeschreiblich, als wir plötzlich in der Fürstengruft von Kloster Grüssau vor einem Grab standen, wo Ladislaus von Zedlitz selbst im Tod bei seinen Fürsten Bolko I und Bolko II Wache hält. Ein Krimi kann nicht spannender sein!

Doch es muss nicht immer ein Schlossgarten sein. Einfache, ländlich anmutende Gärten haben einen eigenen Charme, wie der Garten von Gabriele Münter und Wassily Kandinsky in Murnau. Die Fotografien, auf denen sie, wie

Ganz oben: Auf meinem Sekretär liegt die Originalausgabe Zwölf Jahre am deutschen Kaiserhof von Robert Graf von Zedlitz und Trützschler.

Links: Gut Nieder-Großenborau, auf dem Robert und seine Schwester Ruth aufgewachsen sind und das leider dem Verfall preisgegeben ist.

Oben: Tor der Kynsburg mit dem Wappen derer von Zedlitz.

einfache Bauern, ihren Garten bestellen, haben sich in meinem Gedächtnis eingeprägt und machen diese Künstler so hautnah und menschlich. Ihr Haus und ihr Garten und die umgebende Landschaft leben in ihren Kunstwerken über ihren Tod hinaus fort. Genau wie bei Max Liebermann, einem meiner Lieblingsmaler des deutschen Impressionismus, der seinen Garten in Berlin tausendfach malte. Welch tragisches Schicksal hat er im Dritten Reich erleiden müssen … Wenn ich daran denke, bin ich voller Trauer. Als ich in Berlin war, habe ich in Gedanken an ihn in seinem Garten verweilt und mich von dessen zwangloser Atmosphäre bezaubern lassen. Auch Goethes Gartenhaus in Weimar hat mich durch seine schlichte Na-

Links: Das ehemalige Familienschloss Schildau ist heute ein Hotel.

türlichkeit gefangen genommen – inmitten der ihn umgebenden weitläufigen Parkanlage, dem Park an der Ilm – und man meint dort Goethes Geist immer noch zu spüren …

Der Garten »nebenan« kann auch eine Inspirationsquelle sein. So bedeutet es für mich eine große Freude im Garten von Rolly und Wendy zu sein, wobei ihr Garten alles andere als alltäglich ist. Schon wenn wir mit dem Auto in den Weg einbiegen, der durch den Wald führt, habe ich das Gefühl, in eine andere Welt einzutauchen. Mich empfängt Ruhe und tiefer Frieden und wenn ich an die Spaziergänge denke, die wir bald gemeinsam durch den stillen Wald machen werden, bin ich schon voller Vorfreude. In ihrem Garten um das alte Landhaus vereint sich alles, was man zum Glück braucht: Rhododendren so weit das Auge reicht, Buchsbeete mit Rosen, Hortensien und Wiesenstorchschnabel, lauschige Plätze mit exotischen Topfpflanzen wie Bougainvil-leas, ein riesiger Feigenbaum an der geschützten Hauswand, Sitzplätze in verschiedenen Ecken des Gartens mit immer neuen Perspektiven, eine moderne Skulptur auf einer weitläufigen Grasfläche und dahinter weite Wiesen, auf denen Pferde grasen.

Selbst mein Haus und Garten können anderen zum Vorbild dienen. Die Frau meines Vaters hat es in einem zauberhaften Aquarell festgehalten und mich damit überrascht.

Natürlich träume ich noch von manch einem Garten, in den ich andächtig eintreten möchte, zum Beispiel um die Kapuzinerkresse und die Seerosen im Garten von Monet oder die mit Raureif überzogenen Zierkohl-Reihen im Schlossgarten von Villandry zu sehen – und um die üppigen Rosen in den Gärten Englands zu entdecken, über die Vita Sackville-West und Gertrude Jekyll ausführlich Zeugnis abgelegt haben.

Gibt es in Kanada auch Schaugärten? Und was ist dein Lieblingsort – außer der Hütte am See, die ihr lange Jahre hattet?

Alles Liebe,
Deine D.

Unverwüstliche Stiefmütterchen

Meine Urgroßmutter hat auf ihren bezaubernden Bildern auch Stiefmütterchen verewigt, die einem förmlich entgegenzuduften scheinen

Liebe Lisa,

magst du Stiefmütterchen auch so gerne? Meine Stiefmütterchen und Hornveilchen sehen immer noch so hübsch aus, dass ich es einfach nicht übers Herz bringe, sie wegzutun. Meine Freundin Elfie, die sehr fürs Saisonale ist und zu meinen Konzerten im Frühjahr Gamberetti mit Erdbeeren und im Herbst ein »Kürbissüppchen« mitbringt, das für mindestens dreißig Gäste reicht, hat letztens bestimmt die Nase gerümpft über meine Stiefmütterchen im Juni. Aber sie sind noch so schön ... Endlich habe ich begriffen, wie ich meinen Fotoapparat einstellen muss, um Blumenporträts zu machen und ein Foto davon gemacht. Und, was sagst du nun? Meine Urgroßmutter hätte sie bestimmt sofort nachgestickt! In einem Artikel in *Westermanns Monatshefte* vom April 1931, begleitet von der Abbildung einer Stickerei mit Papageientulpen, heißt es: »›Freilichtmalereien‹ nennt sie selbst ihre Arbeiten, und das soll sagen, daß sie ihre Blumen frei nach der Natur, sozusagen nach dem lebenden Modell, ohne Vorzeichnung, auf den gewählten Stoff überträgt. Dabei liegt ihr besonders daran, mit Nadel und Faden jede, auch die kleinste Farbennuance der Blume zur Geltung zu bringen, womöglich jeden Staubfaden im Kelche wiederzugeben (...) Soviel ist gewiß: auf einer Ausstellung dieser Arbeiten (...) in New York sind sogar die nüchternen – oder sagt man besser: kritischen? Amerikanerinnen vor den Leistungen der deutschen Dame in Entzücken geraten.« Ja, ihre Blumen sehen so aus, als seien sie soeben gepflückt worden. Wie in der Natur weisen sie eine unglaubliche Farbenvielfalt auf. Ich stehe oft staunend davor und entdecke in ihrer verschwenderischen Fülle immer wieder neue Details, die mir vorher noch nicht aufgefallen waren. Aber gerade diese Feinheiten sind es, die die Blüten und Blätter so lebendig und echt erscheinen lassen: die feinen Staubgefäße der weißen Kirschblüten, die gewundenen, zarten Stängel pastellfarbener Winden, flauschige Palmkätzchen an gebogenen Haselnusszweigen, pralle Herzen

von Silberdisteln, die man am liebsten anfassen würde, und die fragilen, zurückgebogenen roten Blütenblätter der Mohnblumen. Zweige scheinen aus einem Bild herauszuranken, Blüten sind auf einer Seite des Bildes abgeschnitten, wie ein Maler ein Fragment herausarbeitet. Manche Blumen wirken wie zufällig hingestreut, andere sind akkurat zu Sträußen gebunden. Auf einem ihrer Werke auf rosa Grund, das bei uns im Esszimmer hängt, hat sie Blumen symmetrisch angeordnet. Um die Mitte, wo fünf Blumenkränze zu einem Ornament zusammengefasst sind, bilden zarte Sträußchen in den Ecken einen munteren Reigen, durch Girlanden aus Blüten, Efeu und Winden miteinander verbunden. In ihrem Atelier arbeitete meine Urgroßmutter meist an mehreren Werken gleichzeitig. Sie signierte ihre Stickbilder mit ihrem Namen Ida Gräfin von Zedlitz und Trützschler*3 bzw. der Abkürzung I.v.Z. und einem Datum, das manchmal einen ganzen Zeitraum markierte, einige zusätzlich mit »Bad Kissingen«. Sie muss sich mit diesem eleganten Kurort, der Royale und Künstler anzog, sehr identifiziert haben. Letztens hat mich die Neugier dorthin getrieben und ich habe nach den Straßen Ausschau gehalten, wo sie gelebt und gewirkt hat – wie der Unteren Marktstraße 2/I, in der sich ihr Atelier befand und in das sie »höflichst zu einer Ausstellung bittet« – so der Wortlaut einer Einladungskarte, die mir erhalten geblieben ist. 1881 ist sie als siebzehnjährige Frau nach Bad Kissingen gekommen und dort im hohen Alter von neunzig Jahren gestorben – im gleichen Jahr, in dem ich geboren bin. Sie war zeitlebens eine anerkannte Künstlerin und ihre Bilder waren begehrt. Sie wurden für die Sammlung der Guggenheims erworben, hingen in Königs- und Adelshäusern und wurden in Ausstellungen gezeigt. 1930 sind ihre Werke sogar in New York ausgestellt worden*7! Ich stelle mir vor, wie die Stickereien, sorgfältig in stabilen Kisten verpackt, über den Ozean verfrachtet worden sind. Das allein macht deutlich, was ihre Kunst für einen Stellenwert hatte. Durch den Briefverkehr zwischen meiner Mutter und dem Münchner Stadtmuseum habe ich erfahren, dass sich dort auch Werke von ihr befinden.

Sie wurden mir, ihrer Urenkelin, mit Stolz vorgeführt. Und es war ein magischer Moment, als in dem verdunkelten Raum des Außenlagers plötzlich die Stickereien meiner Urgroßmutter zutage kamen. Ein Werk, auf dem Sonnenblumen dargestellt sind, war so groß, dass ich auf einen Tisch steigen musste, um es fotografieren zu können.

Meine Urgroßmutter hat auf ihren bezaubernden Bildern auch Stiefmütterchen verewigt, die einem förmlich entgegenzuduften scheinen. Dieser süße Duft erinnert mich an meine Kindheit. Auf Holländisch heißen sie »viooltjes« was »kleine Geigen« bedeutet. Ich finde die Geige ein hübsches Bild. Man könnte aber auch Gesichter darin sehen. Elsa Beskow, die bekannte Kinderbuch-Illustratorin, hat Blumen als menschliche Wesen dargestellt. Ich lese meinen Enkelkindern gerne aus ihren Büchern vor.

Liebe Grüße,
Deine D.

Oben links:
Nadelmalerei meiner Urgroßmutter
Ida Gräfin von Zedlitz und Trützschler
im Esszimmer.

Oben rechts:
Das Foto der Stickerei
»Papageientulpen« stammt aus dem
Artikel einer Zeitschrift von 1931.

Rechts:
Die Kontragitarre von Ludwig Prell
kommt vor der Nadelmalerei
im Wohnzimmer gut zur Geltung.

Rechts:
Die Alte Rose
'Jacques Cartier'

Gegenüberliegende Seite unten:
Meine Freundin Chatuna aus Georgien schnuppert an 'Mme Isaac Pereire', der duftendsten aller Alten Rosen, die in der Clematis 'Ville de Lyon' eine farbliche Übereinstimmung gefunden hat.

Übernächste Seite:
Die zartrosafarbene Alte Rose 'Souvenir de la Malmaison'

Über Rosen und Rotkehlchen

*Müde rieseln die Rosenblätter herab – ich könnte
eine Parfumfabrik damit beliefern*

Liebe Lisa,

bei uns war wieder so ein heißer Tag. Wie viele kommen denn noch? Und dabei hat der Sommer noch nicht einmal angefangen. Durch die Hitze war ich heute wie erstarrt. Müde rieseln schon die Rosenblätter herab – ich könnte eine Parfumfabrik damit beliefern. Die Rose 'Jacques Cartier' erinnert mich an das Parfum »Joy« von Jean Patou, in dessen betörende Duftwolken ich als Kind eintauchen durfte, wenn Tante Anni da war, und an »Bal à Versailles« von Jean Desprez, das Tante Ida[*8] so gerne benutzte – zum Glück gibt es das immer noch, und zuweilen gönne ich mir ein Tröpfchen. Wenn sie bei uns in Rotterdam zu Besuch war, durfte ich zu ihr ins Bett schlüpfen. Sie trug einen weichen Seidenpyjama und duftete so wunderbar, wobei ich mir sicher bin, dass es die Verbindung zwischen ihrer Haut und dem süßen Parfum war, was es so delikat machte. Dieses Gen wurde übrigens an Rolly weitergegeben, der auch immer so gut riecht, sogar, wenn er gar nichts dazu tut.

Tante Ida war eine elegante Erscheinung. Und Mama bekam von ihrer Garderobe manch schönes Kleidungsstück, sodass ich immer von einem Hauch Eleganz umgeben war. Ich besitze noch ihre Seidentücher von Hermès, die ich hege und pflege. Schon als kleines Mädchen hat Tante Ida mir die Welt des Parfums eröffnet, indem sie mir Parfumproben aus Paris mitbrachte, mit denen ich die Regale meines Kaufladens füllte. Im Geiste ziehe ich den kleinen Gummistöpsel aus der Flasche, worauf ihm ein köstlicher Duft entströmt …

Heute bin ich im Garten herumgeschlendert und habe an jeder einzelnen Rosenblüte geschnuppert. Die Rose 'Fantin Latour', mit ihrem unverschämten Rosa und ihrem betörenden Duft, begeistert mich jedes Jahr wieder aufs Neue. Aber auch 'Souvenir de la Malmaison', die nach dem berühmten französischen Schloss benannt ist, 'Félicité Parmentier' und 'Duchesse de Montebello', die im Beet mit der Steinsäule und der Sonnenuhr stehen, bezaubern mich mit ihrem pudrigen Rosa. Die Rose 'Souvenir de Mme A. Charles', die am Hauseingang eine Symbiose mit dem Wilden Wein eingegangen ist, ist dieses Jahr Siegerin, weil sie mich als Erste mit ihren leuchtend rosa Blüten überrascht hat. Kurz darauf erschien die erste Blüte der Rose 'Mme Isaac Pereire', die auf der Südterrasse am Haus rankt und als duftendste aller Alter Rosen gilt. Die Alten, historischen Rosen, mit ihren dicht gefüllten Blüten und ihrem unvergleichlichen Duft, haben den Nachteil, dass sie nur einmal – im Juni – verschwenderisch blühen und ansonsten kahl dastehen. Aber diesen Nachteil nehme ich gerne in Kauf, der Duft entschädigt mich. Man kann nicht alles haben im Leben.

Ja, sie welken, die Rosenblätter. Findest du es nicht auch jammerschade, dass die Pracht so schnell verblüht? Nicht nur die Hitze setzt ihnen zu, sondern auch allerhand Krankheiten und Ungeziefer, denn ich verabscheue all die Gifte, die man verwenden muss, um sie zu bekämpfen. Und, wenn es so heiß ist, drohen auch noch Gewitter und starke Regengüsse,

die dann noch den Rest besorgen. Denn die Alten Rosen vertragen absolut keine Feuchtigkeit. Ihre duftenden Blüten, die mit Hunderten von zarten Blütenblättern gefüllt sind, saugen sich voll wie ein Schwamm, und man muss hilflos zusehen, wie sie verderben. Wenn so ein starker Dauerregen kommt, bricht es mir förmlich das Herz. Dann würde ich mich am liebsten mit einem großen Schirm in den Regen hinausstellen, um meine Rosen eigenhändig zu »beschirmen«. Und dann träume ich davon, in Frankreich zu leben, wo man Familienfeiern im Garten abhalten kann – was die französischen Filme, die ich so liebe, demonstrieren. Aber der Mensch weiß eben nicht, was er will. Denn irgendwie sehne ich mich doch allmählich – bitte verzeiht mir, liebe Rosen – nach einem kühlen Regenguss. Dieser Segen blieb allerdings heute aus, sodass ich wieder zum Schlauch greifen musste, um meinen Garten ausgiebig zu wässern. Für mich ist das wie Meditation. Man sollte

es allen stressgeplagten Menschen dieser Welt verordnen! Genüsslich sog ich den Duft feuchter Erde ein. Da flog auf einmal ein Rotkehlchen vor mir her. Es folgt mir seit Tagen auf Schritt und Tritt. Ich kann mein Glück gar nicht fassen und allmählich glaube ich, dass ihm eine mir verwandte Seele innewohnt. Es ist überhaupt nicht scheu, sondern ganz zutraulich und fliegt immer ganz nah an mich heran. Dann schaut es mich mit seinen listigen Augen unternehmungslustig an, als ob es sagen wollte: »Na, was machen wir denn heute?« *Der geheime Garten* kommt mir in den Sinn, eine meiner Lieblingsgeschichten, in der auch so ein Vögelchen vorkommt. Mein Rotkehlchen hat es sogar gnädig zugelassen, dass ich ein paar Schnappschüsse von ihm mache. Die habe ich natürlich gleich meinen Enkelkindern geschickt. Heute ist das Rotkehlchen auf der Buchshecke »spazieren geflogen«, als ob es mir zurufen wollte: »Wirklich hübsch – deine Buchshecke!« Durch die Gesellschaft dieses kleinen Wesens fühle ich mich privilegiert und will mich dieser Ehre als würdig erweisen.

Nach dem Gießen habe ich mich zufrieden in einen Korbsessel fallen lassen. Nun wollte ich der Stunde der Dämmerung, die für mich voller Schönheit und Magie ist, entgegensehen. Der Vogelgesang schwoll an. Es klang fast wie eine Prophezeiung – wie zu Musik gewordene Hieroglyphen, die nur Forscher zu enträtseln imstande sind, voller Klarheit und gleichzeitig voller Melancholie. Andächtig lauschte ich in die Nacht hinein, bis die letzten Melodien, heiter und erquickend wie die lang ersehnte Kühle, immer mehr zu abgehackten Melodiefragmenten wurden und allmählich ganz verstummten. »Oh, wie wohl ist mir am Abend – mir am Abend …«

Bis bald, liebe Lisa,
Deine D.

The greatest Show on Earth

*Als ich Onkel John meinen ersten Mann und späteren Vater
meiner Töchter vorstellte, fragte er ihn aus: »How much money
do you earn?« Ahnungslos nannte Herbert ihm sein Gehalt.
Da fragte Onkel John irritiert: »A day?«*

Liebe Lisa,

stell dir vor, endlich ist der ersehnte Regen gekommen! Es war viel zu lange trocken – der Farn liegt darnieder und der Rasen ist unansehnlich braun geworden – mit dem Gießen sind wir einfach nicht mehr nachgekommen. Ewald, der in die Berge gefahren ist, wird sich freuen, dass wieder reichlich Wasser in den Regentonnen ist.

Als ich heute mit dem Auto zum Einkaufen fuhr, rate mal, wer da auf dem Spielstraßenschild am Ende unserer Straße saß! Ja, genau, das Rotkehlchen! Mir kam es so vor, als würde es mich durch die Autoscheibe hindurch anblinzeln und wiedererkennen. Aber das ist sicher nur ein frommer Wunsch. So begleiteten mich heute sogar beim Einkaufen die Gedanken an das Rotkehlchen.

Am Nachmittag ist Erda[*9] gekommen. Sie hat mir einen Herzenswunsch erfüllt und ein Zirkusmotiv auf die unansehnliche Brandschutztüre im Keller gemalt: Zwei Kinder, das Mädchen hält einen kleinen Schirm und der Junge die amerikanische Flagge, reiten auf einem Schimmel in der Zirkusmanege. Das Bild ist vorwiegend in Rot- und Grün-Tönen gehalten. Jetzt habe ich auch ein Trompe-l'œil-Gemälde!

Du weißt doch, dass ich Onkel John[*8] zu Ehren im Souterrain ein Zirkusmuseum eingerichtet habe? Ich habe einen rot-weiß gestreiften Stoff ergattert, aus dem Slavka einen Baldachin genäht hat, sodass man das Gefühl hat, in einem Zirkuszelt zu sein. An den Wänden hängen kostbare Erinnerungen: Fotos von Onkel John als Zirkusdirektor, auf einem als Reiter vor dem Zirkuszelt »Barnum & Bailey«, ein Foto von ihm mit Marlene Dietrich, das im Echtsilber-Rahmen einen Ehrenplatz bekommen hat, und zwei Fotos, die ich besonders gerne mag. Auf dem einen speist er als junger Mann im elegant eingerichteten Zirkuszug »JOMAR«[*10], hinter ihm das Gemälde »Lady Godiva« von Charles Baskerville, das später in Zürich im Esszimmer hing. Auf dem anderen sieht man ihn mit Tante Ida in einem romantischen Restaurant in Venedig, worauf er sie ganz verliebt von der Seite ansieht.

Tante Ida und Onkel John hat das Ballett »Carise« zusammengeführt. Sie sind sich in Barcelona zum ersten Mal begegnet, wo ein

Links:
J. Ringling North mit Marlene Dietrich und Gloria Vanderbilt 1953.

Oben links:
Das Schloss Ca d'Zan ist heute das »John and Mable Ringling Museum of Art« in Sarasota, Florida.

Oben rechts:
J. Ringling North (li) mit seinem Bruder Henry.

Rechts:
»If you need me, please whistle« – die Zirkuspfeife ist mir erhalten geblieben.

Teil des Balletts hingezogen war, nachdem die Scala Berlin völlig ausgebombt war. Onkel John, der mit dem Direktor des Balletts gut befreundet war, besuchte regelmäßig die Ballett-Vorstellungen, wenn er in Barcelona war, um Artisten für seinen Zirkus zu engagieren. Ida – »the third girl from the left« – fiel ihm gleich auf, und er sagte zu seinem Freund: »I want to meet this girl!« Tante Ida hatte zunächst kein Interesse, John Ringling North kennenzulernen. Sie wollte nach der Vorstellung lieber ins Bett als mit diesem Herrn in irgendein Lokal. Das hat Onkel Johns Eroberungsdrang wohl erst recht angestachelt. Er war clever und hat das ganze Ballett zum Essen eingeladen. Eine hollywoodreife Liebesgeschichte folgte, die jedoch ein rasches Ende nahm. Denn Onkel John, der mit der Ehe schlechte Erfahrungen gemacht hatte, war nicht bereit zu heiraten. Es dauerte fast zehn Jahre, bis Tante Ida, der Onkel John im Traum als der Mann ihres Lebens erschienen war, wieder mit ihm Kontakt aufnahm. Sie sind dann bis zu seinem Tod in »wilder Ehe« zusammengeblieben.

Zum Abschluss meiner Internatszeit im Marie-José in Gstaad schenkte Onkel John Mama und mir einen Aufenthalt im »Gritti Palace Hotel« in Venedig. Am Abend bei Kerzenschein auf der Hotelterrasse zu dinieren und auf den Canale Grande zu blicken, bleibt ein unvergessliches Erlebnis für mich. Obwohl Onkel John für alle Kosten Sorge getragen hatte, wurde Mama allein schon an den Trinkgeldern arm. Und als wir bei unserer Ankunft die Adresse »Gritti Palace Hotel« nannten, wurde auf der Stelle ein Wassertaxi gerufen, was sie ebenfalls ein Vermögen kostete.

Von einem Foto aus der *Chicago Tribune* möchte ich dir noch erzählen. Es zeigt Onkel John mit verbundenem Arm, er steht vor dem Käfig des berühmten Gorillas Gargantua. Die Verletzung hatte ihm der Gorilla zugefügt. Onkel John war auf die Gargantua-Nummer in seinem Zirkus sehr stolz. Ich weiß noch, dass im Wohnzimmer seiner Züricher Wohnung ein imposantes Porträt von Gargantua direkt neben dem von Germaine, Onkel Johns Ex-Frau hing. Wenn ich in Onkel Johns Schlafzimmer wollte, musste ich an zahllosen Fotos von diesem Gorilla vorbeigehen, vor denen ich mich als kleines Mädchen furchtbar gruselte …

Und es gibt noch vieles mehr: ein Aquarell von Onkel Fritz, dass das Schloss Ca d'Zan in Sarasota, Florida zeigt. Davor liegt die Yacht und Onkel John – zu erkennen an seinem Hut – hält Luftballons, auf denen »John and Henry«[*12] steht. Das Schloss Ca d'Zan[*11] (»Das Haus von John«) im Stil eines venezianischen Palazzos hatten Onkel Johns Onkel John Ringling und seine Frau Mable im 19. Jahrhundert direkt am Meer für sich erbauen lassen. Es ist jetzt ein Museum und heißt »John and Mable Ringling Museum of Art«. John Ringling hatte zusammen mit seinen Brüdern den »Barnum & Bailey Circus« gegründet. Im Buch *Circus Kings*[*12] machte ich eine interessante Entdeckung: John Ringling hatte die gleichen Gewohnheiten wie später sein Neffe. Auch er hatte die Nacht zum Tag gemacht und für seine tägliche Toilette viel Zeit und Sorgfalt verwandt. Den Hang zum Luxus hat Onkel John von seinem Onkel übernommen. Er hat die Zweitwohnung in Zürich und seine spätere Wohnung in Genf mit viel Prunk und Pomp einrichten lassen – mit aufwendigen Holztäfelungen, bunten Mosaikfenstern, schmiedeeisernen Elementen und barocken Dekorationen, wie Säulen, Baluster und imposante Trompe-l'œil-Wandmalereien. Und ich darf nicht vergessen den Billard-Tisch zu erwähnen, an dem nicht nur Onkel John und sein Bruder Henry, sondern später auch Neffen, Großneffen und Großnichten ihre Freude hatten. Ich fühlte mich in der ersten Wohnung von Tante Ida und Onkel John in Zürich, die zwanglos im Bohemien-Stil eingerichtet war und wo man sich aufgrund der Enge fast wie in einem Zirkuswagen vorkam, viel wohler als in dieser Wohnung in Genf. In Zürich gab es auch Trompe-l'œil-Wandmalereien, aber es wirkte nicht so aufgesetzt. Wenn man die Wohnung betrat, sah man links auf eine Pferdebox, aus der ein Pferd neugierig den Kopf heraussteckte. Im Gang zum Esszimmer war die Szene eines Pferderennens dargestellt, wofür sich das breite Format gut eignete. Es war im Stil des Biedermeier gemalt, was an der Kleidung zu erkennen war. Onkel John besuchte immer Pferderennen, wenn er in Irland, der Heimat seiner Vorväter, war – ein jährlich stattfindendes Ritual, an dem er bis zum Schluss beharrlich festhielt. Vor dem Essen servierte Onkel John immer einen Cocktail. Zu den Klassikern gehörte Champagner von Taittinger mit frischen Erdbeeren, die auf der perlenden Oberfläche tanzten. Ein Drink hieß »Schatzi-Patzi«, wie er Tante Ida manchmal zärtlich nannte. Leider kann ich mich nicht mehr genau an die Zutaten erinnern, aber ich meine, dass es auf der Basis von süßem Sherry, Eigelb und Muskatnuss war und kühl serviert wurde. Onkel John mixte die Drinks an der Bar im Wohnzimmer. Dabei schüttelte er den Metallbecher so gründlich, dass sich die Falten an seinem Hals rhythmisch mitbewegten, was mich immer zum Lachen reizte. An den »Old Fashioned« erinnere ich mich noch genau, Onkel Johns Lieblingsdrink.

Zuweilen bekam ich einen »Crème de menthe« auf einem Berg von zerstoßenem Eis, und dann fühlte ich mich ein klein wenig erwachsen. Das Grün funkelte aus den Eiskristallen heraus und wie frisch das duftete! Zum Dinner gingen wir in das elegante Esszimmer mit den zierlichen Empire-Stühlen und einem Baldachin aus grau-weiß gestreiftem Stoff, in dessen Mitte ein Kristall-Lüster hing, der jetzt mein Esszimmer ziert. Auf dem großen Trompel'œil-Gemälde hatte man Ausblick auf eine romantische Landschaft im Stil der Klassik mit Ruinen, Meer und Segelschiffen im Hintergrund. Auf dem Esstisch standen die roten venezianischen Gläser, auf denen Engel in filigraner Goldbemalung Schleifen halten, und das Porzellan von Heinrich, ebenfalls in Venedig in den Farben Ochsenrot und Gold handbemalt. Kerzen brannten und es duftete nach T-Bone-Steak – Onkel Johns Leibgericht. Während meiner Internatszeit – ich muss elf oder zwölf Jahre alt gewesen sein – saß ich in eben diesem Esszimmer neben Lex Barker. Natürlich hatte ich Winnetou gesehen und schwärmte, wie alle Mädchen, für ihn alias Old Shatterhand. Er sah so gut aus ... Als er mich mit einem charmanten Lächeln aufforderte, für ihn Zigaretten aus seinem Sakko zu holen, fühlte ich mich wie eine Auserkorene. In einem zerfledderten Fotoalbum haben sich ein paar Polaroid-Bilder von ihm hinübergerettet – auf einem hält er Uschi, das Dienstmädchen, im Arm, auf einem anderen flirtet er mit Henrys Frau Gloria, die rauchend auf seinem Schoß sitzt – doch leider keins von uns ...

Die Erinnerung an das Esszimmer in Zürich hat mich dazu angeregt, mein Zirkusmuseum ebenfalls mit einem Baldachin aus gestreiftem Stoff auszustatten. Onkel Johns roter Ledersessel aus den Dreißigerjahren, den ich durch eine rote Ledercouch ergänzt habe, spiegelt zusammen mit den anderen Erinnerungsstücken die altvertraute Atmosphäre von damals wider. An den Wänden hängen alte Zirkusplakate und Programme, entworfen von Charles Baskerville, Zirkus-Cartoons von Peter Arno, ein Geburtstagsbild von Ludwig Bemelmans, auf dem Löwen Onkel John zuprosten: »Happy Birthday to Johnny!« – Bemelmans ist mit der Kinderbuchserie *Madeline* berühmt geworden. Außerdem findet sich eine Zirkusimpression von Marcel Vertès, der nach dem Besuch des »Barnum & Bailey Circus« so inspiriert war, dass er eine ganze Serie mit Zir-

Old Fashioned

In ein Whiskeyglas kommen 1 Stück Würfelzucker, ein paar Spritzer Angostura Bitter und 1–2 Teelöffel Sodawasser ohne Kohlensäure. Mit einem Löffel umrühren, sodass sich der Zucker löst; viel Eis, je 1 Scheibe Zitrone und Orange und ein paar Cocktailkirschen hinzugeben und dann mit einem guten Bourbon-Whiskey aufgießen.

kusmotiven malte – die kessen Seiltänzerinnen erinnern mich ein bisschen an die Cancan-Tänzerinnen von Toulouse-Lautrec. Von Tante Ida habe ich auch die alte Zirkuspfeife, auf der »If you need me, please whistle« steht, diverse Hüte von Onkel John und sein elegantes Clubjackett in Weinrot, Visitenkarten, einen Brief an Tante Ida, in dem er die Zirkuseröffnung in New York erwähnt, einige Teile des JOMAR-Silbers*10 und die roten Gläser aus Murano, die ihre geliebte Bar krönten. Und natürlich sind auch das Buch *Circus Kings* und der Film *The Greatest Show on Earth**13 in meinem Zirkusmuseum vertreten. Dahinter befindet sich unsere Sauna, sodass es auch Ruheraum ist. Wenn ich Kraft tanken oder einfach nur zur Ruhe kommen möchte, kann ich dort unten abtauchen.

Da fällt mir eine lustige Geschichte ein: Onkel John, der für meine Internatsausbildung in Gstaad verantwortlich war, verband damit wohl den heimlichen Wunsch, dass ich dort einen »Rockefeller« kennenlernen würde. Aber das ist zu seinem Leidwesen nicht eingetroffen, obwohl genug berühmte oder angehende Persönlichkeiten zur Auswahl gestanden hätten, wie die Söhne von Elizabeth Taylor: Michael, der seiner Mutter nacheiferte, indem er den Versuch unternahm, sämtliche Mädchen im Sessellift zu küssen, und sein Bruder Christopher, außerdem John-John Kennedy, der 1966 nach dem Attentat auf J. F. Kennedy zusammen mit Caroline zu uns ins Marie-José gekommen war, und etliche mehr. Als ich Onkel John meinen ersten Mann und späteren Vater meiner Töchter vorstellte, fragte er ihn aus: »How much money do you earn?« Ahnungslos nannte Herbert ihm sein Gehalt. Da fragte Onkel John irritiert: »A day?« Als wir eine Reise nach Paris unternahmen und Onkel John davon erfuhr, lud er uns großherzig zum Essen ins »Tour d'Argent« mit spektakulärem Blick auf Notre Dame ein, wo wir uns – nachdem uns diskret eine Speisekarte ohne Preise gebracht worden war – unbeschwert die obligatorische Ente schmecken ließen.

Was Onkel John wohl zu meinem kleinen Ringling-Zirkusmuseum sagen würde? Ich glaube, Tante Ida und er würden sich sehr freu-

Oben:
J. Ringling North, Direktor des »Ringling Bros. and Barnum & Bailey Circus«.

en. Du warst mit Ken ja oft im Museum in Sarasota*[11] – deine Postkarten und der Kalender von Ca d'Zan, den du mir einmal mitgebracht hast, schmücken jetzt mein Zirkusmuseum.

Um Erda bei Laune zu halten, habe ich – in Erinnerung an Onkel John – für uns Minutensteak vom Roastbeef auf einem Bett von Rucola und Tomate gemacht, mit einer Vinaigrette aus Zitrone, Salz, Pfeffer und Olivenöl und ein paar Parmesanspänen. Und wir sind dann – im warmen Schein der Abendsonne – mitten auf der Wiese gesessen und haben ein gutes Glas Rotwein dazu getrunken. Was braucht man mehr?

Sei ganz lieb gegrüßt
von Deiner D.

Unter der Eiche

*Sommer ist die Zeit, in der es zu heiß ist, um das zu tun,
wozu es im Winter zu kalt ist*

Liebe Lisa,

soeben bin ich vor der Hitze ins kühle Haus geflüchtet. Es ist heute wahnsinnig heiß. Letztens habe ich einen Spruch von Mark Twain gelesen, der mich sehr erheitert hat: »Sommer ist die Zeit, in der es zu heiß ist, um das zu tun, wozu es im Winter zu kalt ist.« Die Rosen sind wundervoll, aber so verblühen sie natürlich viel zu schnell. Ewald hat einen Sonnenschirm über die Pfingstrosen gespannt, damit sie wenigstens noch bis morgen halten, wenn unser Besuch kommt. Soeben bin ich mit meiner Schere durch den Garten gewandert und habe Verblühtes abgeschnitten. Ach, dieser Duft …

Als ich meine Physiotherapeutin neulich zum Weißwurstfrühstück eingeladen hatte, um ihr meine Alten Rosen zu zeigen, von denen ich ihr vorgeschwärmt hatte, erzählte ich vom Verlust der alten Buche und zeigte ihr, wo sie gestanden hatte. Da fragte sie: »Spüren Sie noch ihre Energie?« Doch an diesem Tag war es brütend heiß, und ich spürte nur die Hitze.

Ob ich Madeleines backen soll? Wenn es nur nicht so heiß wäre … Außerdem habe ich vergessen, Butter zu besorgen. Doch der liebe Ewald hat versprochen, mit dem Fahrrad zum Supermarkt zu fahren. Danach gibt es keine Ausrede mehr für mich. In seinem Roman *Auf der Suche nach der verlorenen Zeit* beschreibt Marcel Proust, wie ihm beim Eintunken einer »Petite Madeleine« in Lindenblütentee die Kindheitserinnerungen »aus der Tasse steigen«. Beim Gedanken daran läuft mir das Wasser im Mund zusammen. Als ich vor Jahren meine Schwägerin in Paris besuchte, bekam ich von ihr eine Madeleines-Form und ein Backbuch geschenkt, damit ich sie zu Hause nachbacken kann. Ich schicke dir das Rezept, weil es einfach und dennoch etwas Besonderes ist. Vielleicht hast du ja einmal Lust, es auszuprobieren.

Wir sind gerade unter der großen Eiche gelegen – du weißt schon, dieser Mammut-Baum, der über dem Haus thront und einem das Gefühl von Geborgenheit gibt. Als das Haus damals zum Verkauf stand, waren es die großen Bäume, die mein Herz erstürmt haben. Am Anfang hatte ich nur Mühe, sie zu benennen, denn meine Kenntnisse darüber waren äußerst mager. Mama hatte mir nicht viel beibringen können, weil sie als Kind auf ihre Frage »Papa, was ist denn das für ein Baum?« die immer gleiche Antwort bekommen hatte: »Ein Kartoffelbaum!« Wir lagen also unter der Eiche, wo immer ein leichter Windzug geht. Ihre wiegenden Zweige bildeten – wie bei einem Gemälde des Art déco – einen floralen Rahmen für einen bezaubernden Ausblick in unseren grünen Garten. Dabei flogen zarte Samenflocken, ich weiß nicht wovon, durch die Luft, wie wenn Frau Holle ihre Betten ausgeschüttelt hätte. Ich fühlte mich in meine Kindheit zurückversetzt, als Märchen für mich die Wirklichkeit bildeten. Ja, im Garten lässt es sich gut träumen …

Auch dir wünsche ich schöne Träume,
liebe Lisa,
Deine D.

Madeleines

2 große Eier mit 120 g Zucker schaumig rühren – dann abwechselnd 125 g weiche Butter und 150 g Mehl (man kann auch 75 g Mehl und 75 g gemahlene Mandeln oder Nüsse nehmen) unterrühren und etwas abgeriebene Zitronenschale oder Vanillezucker hinzufügen.

Die Vertiefungen der Madeleines-Form gut buttern und nur zur Hälfte mit dem Teig füllen.

Auf der untersten Schiene des Backofens etwa 15 Minuten bei 180 Grad backen.

Oben: Die Alte Rose 'Félicité Parmentier'

Badefreuden und Badminton

Wenn ein Federball aus den Barockbeeten gefischt werden muss, leide ich – versuche jedoch, nicht hinzuschauen

Liebe Lisa,

heute kamen Carlo und Helene. Der Himmel war blau und die Sonne lachte. Was man da in einem Garten alles machen kann! Zuerst haben Helene und ich uns in einem schattigen Eck auf Korbsesseln niedergelassen, und ich habe ihr aus einem Buch vorgelesen, das ich noch aus Kindertagen habe und in der eine Widmung meiner Großmutter steht. Diese Bücher von früher strahlen eine Geborgenheit aus, die man heutzutage nur selten findet. Aus diesem Grund sehe ich mir so gerne alte Filme an, wie *Heidi*, *Das Doppelte Lottchen* oder *Vater sein dagegen sehr* mit Heinz Rühmann aus den Fünfzigerjahren. Carlo, der es schon als Kind liebte, wenn ich ihm vorlas, saß auf einmal ganz in unserer Reichweite. Und Helene genoss die Geschichte, auch wenn manches ziemlich altmodisch ist und nicht ganz in die heutige Zeit passt. Danach äußerte sie den Wunsch, Federball zu spielen, was sich in unserer Familie großer Beliebtheit erfreut. Dann verwandelt sich mein gepflegter Rasen in einen Sportplatz, auf dem die Federbälle hin- und herfliegen. Kater Piccoli versucht auch ein bisschen mitzumischen, gibt aber meistens schnell wieder auf. Wenn ein Federball aus den Barockbeeten gefischt werden muss, leide ich – versuche jedoch, nicht hinzuschauen.

Plötzlich hatte Ewald die grandiose Idee, eine Gartendusche aufzustellen. Das Babyplanschbecken stand auch noch vom Vortag da, als Elfie und Jürgen mit Paul zu Besuch gewesen waren. »Gesagt, getan!« – und wenig später liefen Ewald, Carlo und Helene, wie in einem Karussell, johlend um die Gartendusche herum und labten sich an der willkommenen Erfrischung. Es war aber auch so heiß! Zum Abschluss legte sich zuerst Helene in das Planschbecken und posierte lässig mit einem Glas in der Hand für ein Foto. Ewald, der ein kindliches Gemüt hat, tat es ihr nach, er legte sich ins kühle Nass und kippte sich mit einem Gefäß Wasser über den Kopf. So ließ es sich aushalten! Als gegen Abend Alexandra kam und wir uns hinten im Garten, wo es immer schön kühl ist, unsere Lammkoteletts schmecken ließen, klang der Tag gemütlich und friedvoll aus. Nach dem Essen las ich Helene wie versprochen noch ein Kapitelchen vor, und zum Abschluss gab es dann weitere schweißtreibende Federball-Matches, wobei zwei Paare gleichzeitig auf der Wiese gegeneinander antraten. Die Bälle der Damen beschrieben große, sanfte Kurven, wohingegen sich die Herren männliche Schmetterbälle lieferten; und ich glaube, alle kamen auf ihre Kosten! Es bedurfte einiger Überredungskunst, bis Carlo und Alexandra Helene im Auto hatten und sie fröhlich winkend abfuhren. Als sie außer Sicht waren, fiel mir ein, dass ich ganz vergessen hatte, ihnen Erdbeeren mit Vanille-Eis zum Nachtisch anzubieten … Ich glaube, heute werde ich gut schlafen!

Gute Nacht,
Deine D.

Unten:
Der Wiesenstorchschnabel
blüht bis in den Herbst hinein.

Rechts und ganz unten:
Die Alte Rose 'Charles de Mills'

Gegenüberliegende Seite:
Die Chinarose 'Hermosa' sieht
aus wie aus Marzipan.

Ein Sonntag im Juni

Es ist ein hübscher Anblick, die Kohlweißlinge um die lila Blüten herumflattern zu sehen

Liebe Lisa,

was gibt es Schöneres, als am Sonntag im Garten zu frühstücken – ein weich gekochtes Ei vor sich und diverse Leckereien: ein Stück Wildschweinsalami, ein bisschen Räucherlachs und einen guten Camembert? Der Wind säuselt in den Bäumen, und noch ein wenig müde blinzelt man in die Morgensonne. Es wird ein warmer Tag werden – kein Wölkchen zeigt sich am Himmel. Und obwohl man sich auf einen geruhsamen Sonntag freut, fallen einem tausend Dinge ein, die im Garten erledigt werden müssten: Der Kirschlorbeer hinter der Steinbank zum Beispiel müsste dringend gestutzt werden. Dann könnten wir vielleicht nach dem Frühstück dort einen Espresso trinken und auf den Rosengarten schauen … Schon ist Ewald mit der Gartenschere unterwegs, und ich passe auf, dass ihm nicht zu viel zum Opfer fällt. Kirschlorbeer – den mit den dunklen, schmalen, etwas spitzen Blättern mag ich besonders gerne – verbreitet so ein südländisches Flair. Seine glänzenden Blätter bleiben auch im Winter grün, und ich mag ihren leicht bitteren Geruch nach Mandeln. Meine Enkelkinder finden darunter immer jede Menge Schnecken, die sie dann auf der Steinbank versammeln, um Wettrennen mit ihnen zu veranstalten. Eingerahmt, links von der duftenden, violetten 'Charles de Mills', aus der man Rosenmarmelade kochen kann, und rechts von der weinroten Rose 'Tuscany' und der blassrosa 'Leda' mit dunkelroten Rändern, sitzen wir Espresso schlürfend auf dem Steinbänkchen und seufzen zufrieden vor uns hin. Ein paar Schmetterlinge sind unterwegs. Sie laben sich am Wiesenstorchschnabel, der aussieht, als sei er direkt von der Wiese zu uns herübergewandert. Und es ist ein hübscher Anblick, die Kohlweißlinge um die lila Blüten herumflattern zu sehen. Während ich darin versunken bin, kommen mir die Illustrationen in Karl Foersters Buch *Blauer Schatz der Gärten* in den Sinn. Die Zeit scheint still zu stehen und glücklich geben wir uns der sonntäglichen Ruhe hin. Heute stehen keine Termine an, und es hat sich auch kein Besuch angesagt. Wir können also herrlich in den Tag »hineinbummeln«. Hin und wieder schneide ich eine verwelkte Rosenblüte und erfreue mich an ihrem Duft oder fotografiere noch schnell eine letzte, denn die Blüten der Alten Rosen neigen sich langsam dem Ende zu. Gleich will ich Lavendelsträußchen machen für meinen Wäscheschrank. Überall im Garten blüht Frauenmantel in überschäumender Fülle. Als ich gestern überraschend Besuch bekam und noch schnell eine Blumendekoration für die Kaffeetafel brauchte, schnitt ich großzügig einige Zweige davon, dazu ein paar lila Wiesenstorchschnabel, und setzte – sparsam – mit meiner duftenden 'Jacques Cartier'-Rose

ein paar rosa Akzente. Das Ganze stellte ich in eine Kugelvase aus Glas mitten auf den Tisch und begeisterte damit meine Gäste. Und wenn ich schon gerade dabei bin, dir von meinen Lieblingsblumen zu erzählen, darf ich natürlich meinen geliebten Fingerhut nicht vergessen. Er macht einen Garten märchenhaft und geheimnisvoll. Mit kleinen Kindern muss man allerdings furchtbar aufpassen, weil er hochgiftig ist! Und dann mag ich, außer Rosen und Pfingstrosen – 'Bowl of Beauty' ist meine Favoritin – Japanische Herbstanemonen. Wenn sich im Spätsommer ihre Knospen an den langen Stängeln öffnen, sieht es aus, als würden sie zarten Schmetterlingen gleich über dem Blumenbeet schweben.

Die Blumen in meinem Garten, sie sind – wie meine Freunde – alle verschieden. In Gstaad schrieb eine Internatslehrerin in mein Poesiealbum:

Ich freue mich jeder Blume –
wie könnt es anders sein?
Sie schmeicheln sich wie Kinder
in unser Herz hinein.
Und jede sagt uns Neues
nach ihrer Form und Art.
Sie sind fast wie die Menschen –
wild, jubelnd, tapfer, zart.

Maria Wild

Und wie bist du? Wild, jubelnd, tapfer oder zart? Auf jeden Fall tapfer! Und ich? Ich glaube, ich auch. Und zart – und zuweilen auch wild und jubelnd. Wie schön, dass wir alles sein können, was wir wollen! Meine Physiotherapeutin fragte mich neulich, durch welche Blume ich mich verkörpert fühlen würde. Ich dachte lange nach. Schließlich sagte ich: »Ich glaube, ich wäre gerne eine kleine Rosenblüte meiner 'Hermosa' – oder ein süß duftendes Stiefmütterchen …«

Was sind denn deine Lieblingsblumen? Und – bist du schon neugierig auf die Fortsetzung meiner Rotkehlchen-Geschichte? Nun, als wir heute Nachmittag am Barockgarten unter der Eiche saßen, tauchte es erwartungsgemäß wieder auf. Zunächst vollführte es ein paar Flugakrobatik-Kunststückchen wie ein Sportflugzeug, indem es sich seitlich geneigt aus der Höhe hinabfallen ließ, um dann wieder hoch in die Luft zu steigen, als wolle es uns imponieren. Auf jeden Fall schien es guter Laune zu sein. Dann flog es zu uns herüber, pirschte sich langsam heran und ließ sich – es war kaum zu glauben – direkt neben meinem Fuß nieder. Ich hielt den Atem an. Aber das war noch nicht alles. Denn im nächsten Moment hüpfte es zu mir auf die Armlehne des Korbsessels – ich spürte seine zarte Nähe – und verweilte dort ein paar Atemzüge lang, womit es all das, was wir bis dahin mit ihm erlebt hatten, in den Schatten stellte. Zuvor hatte Ewald mir erzählt, dass es, während ich in der Küche gewesen war, auch schon auf den leeren Platz neben ihm geflogen sei und, als er mit ihm gesprochen hat, den Schnabel geöffnet und ein Liedchen für ihn geträllert habe. Ach, dieses kleine Vögelchen, was macht es uns nur für Freude! Ich bin gespannt, was uns mit ihm noch alles passieren wird …

Bitte schreibe mir bald! Liebe Grüße,
Deine D.

*Rechts:
Das Gästezimmer lädt
zum Verweilen ein.*

*Unten:
Vor und nach einem
Hauskonzert streifen
die Gäste gern durch
den Garten.*

Rauschende Feste, Grillpartys und mehr…

*Als Kind liebte ich die wenigen Tage im Jahr,
an denen Besuch erwartet wurde*

Liebe Lisa,

das habe ich mir gedacht: Du magst Gänseblümchen, Stiefmütterchen und Margeriten – also alles, was bescheiden ist. Das hast du mit meiner Mutter gemeinsam, die auch für sich selbst immer wenig beansprucht hat – außer einem Glas Sherry ab und an … Ihr habt in der Nachkriegszeit viele Entbehrungen gekannt. Doch eine Extravaganz leistest du dir mit den Pfingstrosen, die es einst im Garten deiner Eltern gab und die du aus diesem Grund wohl so liebst. Wie die dufteten! Ich kann mich noch erinnern, dass du sie Mama immer im Mai mitgebracht hast.

Habe ich dir schon von unserem Sommerfest erzählt? Am Wochenende ist es endlich so weit! Maggy hat sich eine Hippie-Party gewünscht, wobei jeder seine Schallplatten aus den Sechziger- und Siebzigerjahren mitbringen und in passendem Outfit erscheinen soll. Seit Tagen verfolgen wir schon voller Spannung den Wetterbericht. Ach, wäre das schön, wenn wir am Abend draußen sitzen könnten! Ewald hat schon Rasen gemäht und nachher kommt der Gärtner, um den Buchs frisch in Form zu schneiden.

Was so ein Garten schon alles erlebt hat … Ich kann natürlich nur von dem erzählen, was ihm durch uns widerfährt, aber er weiß bestimmt auch von unseren Vorgängern ein Lied zu singen, was mich brennend interessieren würde … Ein Garten sieht die immer wiederkehrenden Dinge: Ich jäte Unkraut, zupfe Verwelktes ab, gieße die Beete, sitze auch mal lesend im Liegestuhl oder schäle hingebungsvoll Spargel (was, wie die Nachbarinnen bei einem Kaffee-Besuch erzählten, wohl immer sehr gemütlich aussieht), Ewald mäht den Rasen und schneidet die Hecke, der Gärtner pflanzt und Kater Piccoli lauert auf Beute. Wir frühstücken auf der Terrasse, während die Vögel zwitschern und sich ein Bienchen auf eine Blüte meines Geschirrs »Clematites« von Gien setzt, trinken Kaffee am Barockgarten und besprechen, was im Garten alles zu erledigen wäre, und essen in der Abendsonne unsere Spaghetti. Das alles ist nett, aber nicht besonders spektakulär.

Doch es gibt auch jene Tage, an denen sich der Garten für Gäste öffnet und wo er, fein herausgeputzt, erleben darf, wie er sich mit Leben und Festlichkeit füllt. Als Kind liebte ich die wenigen Tage im Jahr, an denen Besuch erwartet wurde, wie an meinem Geburtstag oder zu Weihnachten, wo immer Freunde meiner Eltern kamen. Die Gespräche waren andere als sonst, es herrschte eine gemütliche Atmosphäre, und ich bekam als Kind ungeteilte Aufmerksamkeit. Einen Höhepunkt bildete der seltene Besuch von Tante Ida und Onkel John. Wenn sie mit ihrem Pullman in unsere Straße einfuhren, trieb es schon den einen oder anderen Nachbarn vor die Türe, um diesem Spektakel beizuwohnen. Rolly durfte zu Jerry, dem schwarzen Chauffeur, ins Auto steigen, wo ihm alle extravaganten Details der Luxuslimousine vorgeführt wurden: duftende Ledersitze, Holzarmaturen, Radio, Autotelefon und eine gut ausgestattete Bar – der Traum eines jeden Jungen. Champagner, Whiskey und alles, was Onkel John für seinen »Old Fashioned« benötigte – Unmengen an Eis, Cocktailkirschen und Angostura Bitter –, Platten mit köstlichen Speisen (sogar Hummer!), die sie aus ihrem Hotel mitgebracht hatten, und nicht zuletzt die vielen Geschenke – für mich die schönsten Puppen aus Paris und für Rolly und mich eine Schweizer Gübelin-Uhr – all diese Schätze wurden aus dem Pullman herausgezaubert. Angeblich soll ich, auf Holländisch natürlich, gefragt haben: »Ist das alles für mich?«, was Onkel John die Tränen in die Augen trieb und wovon Tante Ida Jahre danach immer noch erzählt hat.

Schon in der Bibel heißt es: »Gastfrei zu sein vergesset nicht; denn dadurch haben etliche ohne ihr Wissen Engel beherbergt.« (Hebräer 13,2). Ja, ich habe ein offenes Haus, auch wenn es mit ein wenig Mühe und kurzzeitigen Einschränkungen verbunden ist. Aber es ist so bereichernd! Grillpartys sind allseits beliebt. Ich als Gastgeberin muss nicht allzu viel dafür vorbereiten oder gar das Haus putzen, und das Grillen und Essen am großen Gartentisch ist so herrlich zwanglos und unkompliziert: Die Kinder können herumtollen, während wir Erwachsenen essen und plaudern.

Hin und wieder lade ich zu einer eleganten Dinnerparty ein. Dann gebe ich mir besondere Mühe beim Kochen und Tischdecken: Es wird das Tischtuch hervorgeholt, das Slavka aus einem alten Tuch vom Trödelmarkt genäht und mit Stoff umsäumt hat, das italienische Majolika-Geschirr mit dem gelb leuchtenden Drachen-Muster und das Art-déco-Silber von Onkel John mit den Initialen JOMAR[*10]. Gekrönt wird das Ganze von einem frisch gepflückten Blumenstrauß, sozusagen als Verlängerung des Gartens. Und wenn dann auch noch das Wetter passt, können wir auf der Terrasse sitzen und in den Garten schauen, wobei ich leider schon unzählige Male, kurz bevor die Gäste kamen, schnell alles wieder ins Haus geräumt habe, weil der Himmel auf einmal gar nicht mehr vertrauenserweckend aussah … Nur ein Umzug nach Frankreich könnte dieses Dilemma beenden.

Die Steigerung zu einer Dinnerparty ist ein großes Familienfest anlässlich eines runden Geburtstags oder gar eine Hochzeit. Als Charlotte und Claudio heirateten, haben wir im Garten gefeiert. Ich hatte ein Partyzelt gemietet und Markisen angeschafft, was kein

Ein Papageientulpenstrauß vom Floristen auf einer Festtafel

Luxus war, denn am Anfang hat es tatsächlich geregnet, und wir konnten dennoch das kalte Büfett mit Köstlichkeiten aus Elfies Party-Küche und Béatrices berüchtigten Quiches draußen aufbauen. Wir haben selbst für den Blumenschmuck gesorgt: Maggy hat mit einer Schubkarre Feldblumen aus dem Park herbeigeschafft, die in der großen Hitze zwar etwas hingen, jedoch sehr individuell aussahen, und Elfie hatte Olivenzweige aus Italien mitgebracht und damit das Zelt festlich geschmückt. Und unsere rostige Gartenbank wurde mit einer Girlande aus Schleierkraut zum Hochzeitsbänkchen. Für die Sketche, die wir vorbereitet hatten mit Musikuntermalung des »Hotcha-Trios«[*14], in dem mein Vater, wie du weißt, jahrzehntelang Mundharmonika gespielt hat, machte der Regen zum Glück eine Pause. Und am Abend gab es Jazztime mit Henning Sieverts und seiner Band. Es war ein gelungenes Fest, an das sich bestimmt viele gerne erinnern. Ich weiß nicht, ob mir so etwas noch einmal in dieser Weise gelingen würde. Denn hinterher kann ich kaum glauben, wie schön es war …

   Liebe Grüße,
   Deine D.

*Oben:
Die Alte Rose 'Joséphine de Beauharnais'*

*Gegenüberliegende Seite:
Die Alte Rose 'Blush Damask'
rankt über die Gartenbank.*

Die Hippie-Party

Jawohl, ich bin eine Romantikerin! Und in unserer nüchternen, modernen Welt nehme ich mich wohl eher aus wie ein Fossil aus einem längst vergangenen Zeitalter

Liebe Lisa,

durch die Gegenwart von Maggy und die der Rosen fühle ich mich vom Leben doppelt beschenkt; dennoch frage ich mich, ob es ihr nicht allmählich lästig werden könnte, mit mir zusammen an den Rosen entlangzupatrouillieren … Für unser Frühstück im Garten habe ich alles aus dem Schrank gezerrt, was ihr Auge erfreuen könnte, und das Service von Gien gedeckt, Käse mit Trauben auf die Etagere aus Glas drapiert und meine neue Seidenbluse mit dem Paisley-Muster angezogen, die ihr gleich auffällt. Drei Lampions in Pastellfarben, die optisch mit den Blüten der 'Joséphine de Beauharnais' verschmelzen, baumeln über uns am Apfelbaum und sind eine Reminiszenz an die Hippie-Party, die wir gefeiert haben. Tagelang hatte uns unbeständiges Wetter in Atem gehalten. Doch dann entpuppte sich der dafür vorgesehene Tag als der perfekte Zeitpunkt, und wir konnten im Schein von Windlichtern, Lampions, Fackeln, und nicht zu vergessen um die obligaten Feuerkörbe herumsitzen und uns bei den melancholischen Klängen von Simon & Garfunkel und dem Yeah-Yeah der Beatles und Rolling Stones, das jaulend aus dem Grammophon tönte, wie wiederauferstandene Hippies und Weltverbesserer fühlen. Wie schade, Lisa, dass du nicht dabei sein konntest! Du verbindest mit dieser Ära bestimmt manch

Mit Maggy sitzen wir immer um den Feuerkorb.

schöne Erinnerung. Ich schicke dir Fotos, um dich daran teilhaben zu lassen. Bettina war als Flower-Power-Girl mit einer Orchidee im Ausschnitt erschienen, Erda wie immer in Schwarz als Existenzialistin à la Juliette Gréco, und Christine in einem nonchalanten Look mit Flip-Flops und einem Schlapphut zum geblümten Maxi-Rock. Elisabeth hatte sich mit Ketten behangen, und meine Physiotherapeutin, die ein breites Band im Stil der Sixties im Haar trug, überraschte mich mit einem altmodischen Käse-Igel für das Büfett. Die Stimmung war ausgelassen und ich selbst entspannt wie noch nie.

Mit Maggy muss ich jeden Augenblick bewusst auskosten. Sie hätte den Namen Justitia verdient, denn sie verteilt ihre Zuwendung in gleicher Dosis unter all ihre Lieben. Und nach dem Frühstück eilt sie pflichtbewusst zu ihrem Vater weiter. Ich beschließe, es mir im Liegestuhl gemütlich zu machen und im Buch *Elizabeth und ihr Garten* zu lesen, das sie mir mitgebracht hat, weil sie darin Parallelen zu mir sieht. Und ich komme mir tatsächlich vor wie eine Reinkarnation von Elizabeth von Arnim, denn wir ähneln einander im Schreibstil und in der Art des Humors. Wie schön wäre es, mich mit ihr über die Freuden des Gartens auszutauschen, wäre ich dafür nicht etwas zu spät geboren … Gewiss hätte ich auch besser ins ausgehende 19. Jahrhundert gepasst. Vermutlich würde Rüdiger meinen Briefen, wenn er sie lesen könnte, den Stempel »neo-romantisch« aufdrücken, genauso wie er das mit meinen Lied-Kompositionen gemacht hat. Jawohl, ich bin eine Romantikerin! Und in unserer nüchternen, modernen Welt nehme ich mich wohl eher aus wie ein Fossil aus einem längst vergangenen Zeitalter.

Wie gut, dass ich von der 'Blush Damask' hinter der rostigen Gartenbank ein Foto gemacht habe, als sie auf dem Zenit ihrer Schönheit war. Denn das Gewitter der letzten Nacht hat ihr schwer zugesetzt: Ihre kleinen gefüllten Blüten haben sich mit Feuchtigkeit vollgesogen und hängen schwer an den Zweigen. Zum Glück scheint es den anderen Rosen nicht so viel ausgemacht zu haben. Mein Auge wandert liebevoll von Busch zu Busch und zögernd stehe ich auf, um ein paar Blüten für die Vase zu schneiden.

Ich hoffe, dass der Juni nicht, wie so oft, im Regen versinkt, und mich meine Rosen noch eine Zeit lang begleiten werden. Ebenso, wie ich mir wünsche, dass sich die Tage mit Maggy noch endlos dehnen mögen. Denn auch wenn wir oft bis tief in die Nacht zusammensitzen, verhindert das nicht, dass der Abschied gnadenlos näher rückt.

Es grüßt dich
ein wenig traurig
Deine D.

Rechts:
Meine Enkelkinder haben
sich fein gemacht.

Unten:
Meine Enkelin Frida
vergnügt sich im Garten,
während im Hintergrund
die Konzertgesellschaft
plaudert.

Ich träume von einem Hauskonzert

Wenn die rahmweiße Rose 'Mme Alfred Carrière' und die zartlila Clematis 'Mrs. Cholmondeley' auf der Ostterrasse blühen, locke ich die Gäste in der Pause dorthin

Liebe Lisa,

Ende Februar war das letzte Hauskonzert, und nun gibt es eine längere Durststrecke. Obwohl für die Konzerte immer eine Menge vorzubereiten ist, und ich – trotz langjähriger Routine – jedes Mal wieder aufgeregt bin, brauche ich diesen Kick, den Frank Sinatra besingt, wie das tägliche Brot. Wenn Verwandte, Freunde und Bekannte für ein Konzert zusagen und erzählen, welche Köstlichkeiten sie für das kalte Büfett mitbringen werden, bin ich schon voller Vorfreude. In den Tagen zuvor sind es immer die gleichen Überlegungen: Habe ich an den Klavierstimmer gedacht? Sind alle Bestellungen aufgegeben, und sind genug Wein und Prosecco im Haus? Sind die Fenster sauber, die Party-Gläser aus dem Keller geholt und die Stuhlreihen im Wohnzimmer aufgebaut? Hat Ewald den Rasen gemäht? Ob Carlo die Programme rechtzeitig fertig bekommt? Ich muss unbedingt noch meine Rede ausarbeiten! Und was ziehe ich bloß an …?

Wenn im Esszimmer die Gläser und das Geschirr aufgebaut sind und auf dem ausgezogenen Esstisch die schöne, weiße Tischdecke liegt, fange ich allmählich an, in Stimmung zu kommen. Und wenn ich am Tag zuvor in den Park gehe, um Feldblumen zu pflücken, alles sorgfältig in Vasen arrangiere und meine

Tische damit schmücke, wird es feierlich im ganzen Haus. Und wenn sich dann am Konzerttag selbst der Künstler am Flügel einspielt und die Räume mit schönen Klängen erfüllt, während sich nach und nach die Gäste einfinden, kommt endgültig festlicher Glanz in mein Haus. Die Gäste plaudern und lachen ausgelassen, und alle sehen voller Freude dem bevorstehenden Musikgenuss entgegen. Das Leuchten in den Augen meiner Gäste entschädigt mich tausendfach für meine Mühe. Wie schön ist es, dass ich dazu beitragen kann, gemeinsam den Alltag hinter uns zu lassen, um etwas Außergewöhnliches zu erleben.

Während des Vortrags ist im Wohnzimmer, das zum kleinen Konzertsaal wird, die gespannte Aufmerksamkeit spürbar. Alle hören gebannt zu, und sogar die Kleinen sind mucksmäuschenstill. Einen Künstler so hautnah zu erleben, ist schon etwas anderes, als im Konzertsaal weit von ihm entfernt zu sitzen. Jedes Mal bange ich mit, was gar nicht nötig wäre, denn ich werde nicht enttäuscht werden. Wenn das Wetter gut ist, kann in der Pause der Prosecco im Garten gereicht werden, wobei je nachdem, wo es gerade besonders schön ist, die jeweilige Ecke für das Fest inszeniert wird. Blüht gerade die weiße Kletterrose 'Maxima', ist im Innenhof ein Tisch mit Gläsern aufgebaut. Weil dort nicht viel Platz ist, drängen sich die Gäste zusammen und man kommt schnell miteinander in Kontakt. Denn es sind auch immer ein paar neue Gäste dabei – Freunde vom Künstler oder von meinen Kindern oder ein netter Nachbar, den ich dazugebeten habe. Grüppchen stehen plaudernd herum, andere lustwandeln mit ihrem Glas in der Hand durch den Garten – Sitzgelegenheiten sind überall verstreut aufgebaut und laden zum Verweilen ein. Wenn die rahmweiße Rose 'Mme Alfred Carrière' und die zartlila Clematis 'Mrs. Cholmondeley' auf der Ostterrasse blühen, locke ich die Gäste in der Pause dorthin. So ist es jedes Mal anders und es gibt für die Gäste immer etwas Neues zu entdecken. Slavka hat ihre anfängliche Scheu längst überwunden und wacht wie ein Feldwebel über einen reibungslosen Ablauf, sodass nach dem Konzert alles tipptopp aussieht und das kalte Büfett bereits auf uns wartet. Es ist immer eine Augenweide, weil sich jeder Mühe gibt, etwas ganz Besonderes mitzubringen. Elisabeth ist schon wieder mit ihrem Fotoapparat unterwegs, und ich weiß, dass ich bei nächster Gelegenheit von ihr ein paar Highlights bekommen werde. Am Büfett tauscht man sich über Kulinarisches aus: »Wer hat denn den selbst geräucherten Lachs mitgebracht? Aha, Uta!« – »Und dieser Geflügelsalat ist ja köstlich! Was ist da alles drin?« – »Toll, Frau Sakai vom Klavierpodium hat wieder Sushi mitgebracht!« – »Ach, wie schade, die Platte mit den überbackenen Auberginen von meinem Schwiegersohn ist schon wieder leer …« Das Gläschen Kaviar, das Tatyana mir mitgebracht hat, habe ich mir fürs Frühstück reserviert. Die Stimmung an den festlich gedeckten Biertischen ist ungezwungen und heiter, und wir werden bis in den Abend hinein, wenn die Windlichter geholt und angezündet worden sind, noch lange dort sitzen …

Nur noch wenige Tage, dann findet der nächste Klavierwettbewerb vom »Münchner Klavierpodium«[*15] statt und im Herbst »Der Junge Münchner Jazzpreis«[*16]. Welche Talente ich wohl entdecken werde, und wer – zur Freude aller – bei mir demnächst wieder zu Gast sein wird?

Liebe Grüße,
Deine D.

Zurück aus dem Tessin

*Vor dem Haus, in dem sich die Wohnung von Tante Bally befand,
ganz in der Nähe der Münchner Freiheit, steht jetzt ein Gedenkbrunnen,
dessen Skulptur ihrer Figur nicht ganz gerecht wird …*

Liebe Lisa,

soeben sind wir aus dem Tessin, der Wahlheimat von Hermann Hesse, zurückgekehrt und ich kann ihn gut verstehen. Wie du weißt, liebe ich die Berge, genau wie Onkel Ferdl, der, wie du mir einmal erzählt hast, mit dem Fahrrad in die Dolomiten fuhr, um sie zu malen – und damals gab es noch keine Mountainbikes!

Lass mich doch einmal rekapitulieren: Mamas Vater – mein Großvater Franz – und dein Vater – Großonkel Ferdinand, genannt Onkel Ferdl – und Tante Ballys Mutter, Großtante Paula, waren Geschwister. Daher waren Mama, Tante Ida und Tante Bally*17 deine Cousinen, und Onkel Fred und Onkel Fritz deine Cousins. Meinen Großvater habe ich, ebenso wie Onkel Ferdl, nicht gekannt. Auch Onkel Ludwig nicht, den Urheber des »Isarmärchens«, den Tante Bally liebevoll »Vattl« nannte.

Mit seinem Schwager gründete er das »Prell/Amann Duo«, in dem er Kontragitarre, Josef Amann Zither spielte. Die Gitarre von Onkel Ludwig steht als historisches Familienerbstück bei mir im Wohnzimmer. Auf Youtube kann man sich »Im Wald is so staad« aus der Heiligen Nacht und »St. Anna Vorstadt« anhören, worauf Tante Bally von ihrem Vater und ihrem Onkel begleitet wird. Was jedoch die allerwenigsten wissen ist, dass sich Tante Bally sehr hübsch selbst am Klavier begleiten konnte.

Tante Paula habe ich gut gekannt. Denn als ich nach meiner Internatszeit zu Mama nach München gezogen war, waren wir oft mit Tante Bally und Tante Paula, ihrer »Muttl« zusammen. Meistens trafen wir uns in ihrer Wohnung in der Leopoldstraße, die dank

Vattls Fundstücken von der Auer Dult viel Gemütlichkeit ausstrahlte. Als wir mal wieder in großer Runde in der Leopoldstraße versammelt waren, hat sich Onkel John von Tante Ballys Späßen mitreißen lassen und für uns einen Stepptanz hingelegt, der mich in der Feinheit und Eleganz an Fred Astaire erinnert hat. Wir waren begeistert! Omi, die schwärmerisch veranlagt war, sandte ihrem Schwiegersohn, der genauso alt war wie sie, bewundernde Blicke. Ich spürte damals instinktiv, dass sie ein bisschen in »Johnny« verliebt war. Vor dem Haus, in dem sich das alles abgespielt hat, ganz in der Nähe der Münchner Freiheit, steht jetzt ein Gedenkbrunnen, dessen Skulptur Tante Ballys Figur nicht ganz gerecht wird …

Sobald das Wetter schön war, fuhren wir raus zu Tante Ballys »Heisl« nach Ottobrunn, das direkt am Wald lag. Es war nicht luxuriös – ein WC-Häuschen stand im Garten, wie bei Michel aus Lönneberga –, doch urgemütlich. Meistens war ein großer Kreis von Verwandten und Freunden um den großen Tisch auf der Terrasse versammelt. Wenn ich daran denke, habe ich noch den würzigen Tannenduft in der Nase. Sobald ich versuchte, bayrisch zu sprechen, sagte Tante Bally mit gespielter Empörung: »Mei, Madl, du lernst des nia!« Ich war damals ein Teenager, und während sich die Gesellschaft lebhaft unterhielt, befand ich mich in meiner eigenen Gedankenwelt.

Tante Ballys Gastfreundschaft war legendär: Es gab kiloweise Leberkas, Brezn, Nudelsalat und Romadur, bei dem die Käseglocke auch nicht viel nutzte. In Tante Ballys Imperium herrschte »ollawei a griabige« Stimmung. Tante Paula, ihre »Muttl«, hatte trotz ihres Rheumaleidens immer ein Lächeln auf den Lippen, und ich bin in meinem Leben nie wieder einer so gütigen Frau begegnet. Tante Ida, die ihr ein bisschen ähnlich sah, sagte oft: »Tante Paula ist ein Engel!« Ja, sie war mit ihren Gedanken immer dabei, hielt sich jedoch selbst im Hintergrund. Dafür nahm Tante Bally den ganzen Raum ein. Sie hat uns jedes Mal eine Privatvorstellung gegeben, wonach mir die Lachmuskeln wehtaten. Immer hatte sie »a pfundige G'schicht« auf Lager. So hat sie uns einmal erzählt, dass sie in ihrer Jugend oft in den Englischen Garten gegangen ist. An der Stelle, wo man rechts vom Haus der Kunst in den Park einbiegt, hat sie sich am Eisbach niedergelassen – heute wird dort gesurft – und

stundenlang Karl-May-Bücher gelesen. Das Rauschen des Wassers habe sie für die Landschaftsbeschreibungen des Wilden Westens erst richtig in Stimmung gebracht. Obwohl es schon so lange her ist, hat sich dieses heitere Bild in meinem Gedächtnis erhalten.

Während seines Medizinstudiums hat mein Cousin Günter Tante Bally oft zu Auftritten gefahren, womit er gut beschäftigt war. Ihr alter Daimler Benz, der ebenso wie alles andere in ihrem Leben Behaglichkeit ausstrahlte, wurde von ihr »Prinz Kasimir« getauft. Als sie mit ihm einmal aus einem Italien-Urlaub zurückkam, ergoss sich ein Wortschwall von temperamentvollem Italienisch über uns, das völlig zusammenhanglos war. Ich kannte so etwas ja schon von meinem Vater. Unsere Lachanfälle hatten verheerende Wirkung: Es stachelte Tante Bally erst recht an, sodass wir aus dem Lachen gar nicht mehr herauskamen. Einmal fragte sie uns mit diesem verräterischen Ausdruck im Gesicht, der nichts Gutes versprach: »Kennt's Ihr eigentlich scho des Esa-Musa-Wasa-Lied?« Und dann sang sie aus voller Brust: »Es-a mus-a was-a Wunderbares sein, von dir geliebt zu werden!« – und

Ganz oben links:
Tante Bally mit Onkel Fred
in ihrem »Heisl«.

Ganz oben rechts:
Tante Bally mit ihrem »Vattl«.

Oben:
Anlässlich meiner Konfirmation
kam die Familie zusammen,
von links: Tante Ida, Tante Bally, ihre
»Muttl«, Rolly, Wendy und Mama.

Rechts:
Single von Tante Bally mit
einer Widmung an Tante Ida.

Gegenüberliegende Seite:
Onkel Ferdl beim Malen
»seiner« Berge.

wir prusteten wieder vor Lachen und staunten, wie ihr nur so viel Blödsinn einfallen konnte. Tante Bally war auch oft bei uns zu Hause. Ich erinnere mich noch daran, wie sie Mama einmal mit scheinheiliger Wohlerzogenheit fragte: »Ruth, hast scho' o'gricht oder kann i dir wos helf'n?« Mama, die ihre Gäste gerne verwöhnte, winkte dankend ab. Da sagte Tante Bally vorlaut: »Bin i froh!« Wenn ich eine CD von ihr*18 auflege und ihre Stimme höre, die der eines Tenors ähnelt, sehe ich sie vor mir. Ist es nicht schön, wenn ein Mensch in seiner Musik fortlebt? Wenn Maggy in Stimmung ist, parodiert sie Tante Bally und verwendet all die typischen Ausdrücke, die wir von ihr ewig in Erinnerung haben werden: »Mei, so fui schee!«, »Was soll's?«, »Mogst wos, ha?«, »Host mi?«, »Mog halt mög'n!«, »Pfirti God!« und »Selbstverfreilich!« – das Komödiantische hat sich bei ihr durchgesetzt.

2003, einundzwanzig Jahre nach Tante Ballys Tod, wurde in der Monacensia, dem »literarischen Gedächtnis der Stadt München«, in der Manuskripte von Schriftstellern, die mit München verbunden waren, und Material über Münchner Volkskünstler aufbewahrt werden, eine Ausstellung über Tante Bally veranstaltet. Ich traf dort auf meinen Jugendfreund Fritz Fenzl*19, der die Monacensia leitete. Es war schon seltsam, all die Dinge wiederzusehen, die ich mit Tante Bally verband, vertraute Gegenstände aus ihrer Schwabinger Wohnung und vor allem ihr Kostüm der »Schönheitskönigin von Schneizlreuth«. Es kam mir völlig sinnentleert vor, und ich war nach dem Besuch der Ausstellung ziemlich bedrückt. Mir wurde schmerzlich bewusst, dass ein Kapitel meines Lebens zu Ende war und niemals wiederkommen würde.

Nach diesem Exkurs in die Vergangenheit will ich zum Tessin zurückkommen. Seit meiner Internatszeit im Marie-José in Gstaad, dem Chalet mit dem charakteristischen Doppelgiebel vor der eindrucksvollen Kulisse des Berner Oberlands, liebe ich die Berge, und mein Herz schlägt höher, wenn ich die Grenze zur Schweiz überschreite. Im Tessin ist es die Kombination von Bergen, Seen und exotisch-südländischer Vegetation, was es so atemberaubend schön macht. Und während ich heute beim Geläut sonntäglicher Kirchenglocken im Liegestuhl lag, eingehüllt wie in einer Decke von milder, spätsommerlicher Wärme und dem Duft von blühendem Phlox, gedachte ich der Schönheit des Tessins. Mit seiner überschäumenden Blütenfülle, den im Sonnenlicht glitzernden Wasserflächen seiner Seen und der Silhouette seiner majestätischen Berge erschien es mir wie ein Fleckchen Paradies.

Natürlich bin ich mit Träumen und neuen Wünschen für den eigenen Garten nach Hause zurückgekehrt. Ob ich es nicht wagen könnte, an einer sonnigen Hauswand einen Feigenbaum zu pflanzen? Und so ein Oleander – im Tessin sind es wahre Oleanderbäume – würde doch auch sehr gut auf unsere Terrasse passen! Doch ach, vielleicht sollte ich all das Schöne so in Erinnerung behalten, wie es dort war, und mich zu Hause am Phlox erfreuen, der mir zurzeit in bunten Farben entgegenleuchtet. Gibt es den in Kanada eigentlich auch? Ich habe ihn damals in euerm Garten in Furth zum ersten Mal wahrgenommen. Als dich Tante Elise, deine »Mutti«, in den Siebzigerjahren in Kanada besucht hat, durften Rolly und Wendy ihre Sommerferien mit ihren Kindern in euerm Haus auf dem Land verbringen. Ich weiß noch, wie Wendy Haus und Garten verschwenderisch mit Phlox geschmückt hat. »Brot nährt den Körper. Jedoch Blumen nähren auch die Seele« heißt es im Koran. Daher kommt bei mir, wenn ich den Tisch decke, meistens eine Blume mit auf den Tisch!

Liebste Grüße,
D.

*Unten links:
Akelei darf sich bei mir überall im Garten aussamen.*

*Unten rechts:
Im Juni blüht mein geliebter Fingerhut.*

Von Schönheitsliebe und Schneckenplage

Du stirbst noch mal an Schönheit!

Liebe Lisa,

es ist schon ziemlich herbstlich – wenn es nur nicht immer so schnell vorbeiginge. Denn ich liebe den Herbst mit seiner milden Wärme, dem sanften Licht und seinen leuchtenden, warmen Farben – schließlich bin ich im Oktober geboren! Letztens habe ich in alten Papieren eine Gratulationskarte zu meiner Geburt von Omi und Onkel Fritz ausgegraben, die ich jetzt wie meinen Augapfel hüte. Darauf hat Omi in Sütterlinschrift über die Waage-Frau geschrieben, dass sie Schönheit und Harmonie über alles liebt, künstlerisch begabt und redegewandt ist. Wie schmeichelhaft, aber es ist schon etwas dran, denn auch im Garten möchte ich, dass alles harmonisch aufeinander abgestimmt ist. Daher ist bei mir alles in Weiß, Rosa- und Lila-Tönen gehalten, was meinen Gärtner manchmal zur Verzweiflung bringt. Nur im Frühling, wenn die Winterlinge, die Forsythie und die Mahonie blühen, ist ausnahmsweise

Gelb erlaubt. Blumen in Orange toleriere ich bei mir absolut nicht, auch wenn ich Kapuzinerkresse, die angeblich die Schnecken fernhalten soll, in Monets Garten und bei Erda im Hors d'Oeuvre sehr belebend finde.

In einer Gartenzeitschrift las ich ein Zitat von Karl Foerster: »Ein Garten ohne Phlox ist ein Irrtum!« Das könnte von mir stammen, denn Phlox, der im Hochsommer unseren Garten mit seinem würzigen Duft erfüllt, ist eine meiner Lieblingsblumen. Als Ewald im Juli die Buchenhecke schnitt und den Phlox dabei arg zertrampelte, war ich äußerst betrübt. Doch schließlich sah ich ein, dass er ja nicht darüber schweben kann, wovon mich meine Krankengymnastin überzeugte, als ich ihr mein Leid klagte. Mein Enkel Leo hat schon als Kleinkind genüsslich seine Nase darin eingetaucht. Da Charlotte und ihre Familie eine ganze Zeit bei uns gelebt haben, bis sie ihr eigenes Haus beziehen

konnten, waren die ersten Worte, die Leo sagen konnte, Blumennamen, die ihm seine Großmutter beigebracht hatte. Er konnte die Glockenblume, die er »Gockebume« nannte, sehr wohl von einem Fingerhut unterscheiden! Heutzutage führt Leo mich in ihrem Garten herum und zeigt mir stolz das Obst, Gemüse und die Kräuter, die sein Papa angebaut hat. Klein Frida, die schon allerhand plappert, kommentiert fachmännisch: »Mate« (Tomate) und »Ebbee« (Erdbeere) – worüber Leo lauthals lachen muss. Talent wirft seine Schatten voraus und man kann bereits erkennen, dass in Leo ein humorvoller Mensch steckt. Als ich neulich sagte, ich sei ein »altes Mädchen«, kam er aus dem Lachen gar nicht mehr heraus. Ich will dir noch etwas von meinem Phlox erzählen. Stell dir vor, da hat sich doch im Sommer ein grell pinkfarbener aus der Erde herausgewagt, um mein Auge zu beleidigen! Als ich mich bei Erda, mit der ich die Liebe zur Kunst im Allgemeinen und zur Musik und Ästhetik im Besonderen teile, ausheulen wollte, belehrte sie mich eines Besseren: »Es ist nichts erfrischender als ein Farbklecks, der die allzu langweilige Harmonie belebt! Das weiß doch jeder Maler. Kontraste und Brüche sind interessant und geben dem Ganzen das gewisse Extra!« Hatte ich etwa einen langweiligen Garten? Von Stund' an betrachtete ich den Phlox mit anderen Augen. Inzwischen habe ich mich mit ihm ausgesöhnt und erfreue mich am munteren Farbtupfer inmitten meiner durchkomponierten Harmonie. Er ermahnt mich an den Spruch der bekannten Landschaftsarchitektin Lady Alexandra Tollemache: »Sage niemals nie!« Und ich hoffe, ich habe meine Lektion gelernt …

Ich habe ein Faible für Symmetrie. Immer kaufe ich von allem zwei, ob es nun Pflanzen, Terrakotta oder Vasen sind. Bettina, die sich um Kater Piccoli kümmert, wenn wir verreist

*Links:
Mein Enkel Leo hat schon als Kleinkind genüsslich seine Nase in Phlox gesteckt.*

sind, sagt immer: »Ach Dina, es ist so schön, in deinem Schlossgarten spazieren zu gehen!« und wischt damit meine Bedenken, ob es ihr vielleicht lästig sein könnte, zur Seite. Als wir in Polen, ehemals Oberschlesien, die Schlösser besichtigt haben, die früher im Besitz derer von Zedlitz[*3] waren, habe ich auf einmal geahnt, woher ich meine Liebe zu Schlossgärten habe … In meinem eigenen kleinen »Schlossgarten« versuche ich also stets, Symmetrie herzustellen, indem ich zu allem ein Pendant schaffe. So hatte ich im Barockgarten im hinteren, runden Beet, das früher einmal ein Wasserbecken war (seine gemauerte Einfassung hat inzwischen zu meiner Freude Moos angesetzt), links und rechts von der Felsenbirne eine lachsfarbene Mohnstaude gepflanzt. Rot würde nicht ins Konzept passen. Der Mohn hat immer im Juni mein Auge für wenige Tage erfreut … Doch die Schnecken machten dem ein rasches Ende, indem sie, während wir in Bielefeld einer Tosca-Aufführung mit meinem Neffen Merijn[*20] als Dirigent beiwohnten, gnadenlos eine ganze Staude verschlangen. Soll ich nun die fehlende Mohnblume ersetzen oder die Asymmetrie akzeptieren? Ob ich Erda fragen soll?

Ewald sagt immer: »Du stirbst noch mal an Schönheit!« Abgesehen von meinem Sinn für Schönheit und Harmonie, bin ich von Natur aus ziemlich konservativ. Während meine Freundinnen berichten, dass sie Blumenstauden, die sich zu sehr vermehrt haben, ausbuddeln und verschenken oder zumindest radikal beschneiden, dürfen sich bei mir die Akeleien, die schon Albrecht Dürer in seinen Werken verewigte, in barocker Üppigkeit im Garten ausbreiten. Bis ich dann irgendwann von außen zu einem Opfer gezwungen werde. Denn Ewald hat mich schließlich davon überzeugt, dass die Akeleien in der Ligusterhecke, die letztes Jahr rigoros geschnitten wurde und den Garten um zahllose Quadratmeter vergrößert hat, nichts zu suchen haben. Übrigens, der Duft von blühendem Liguster erinnert mich an meine Kindheit. Da bin ich immer unter unsere Hecke gekrochen, um Raupen zu sammeln. Damals gab es diese dicken, haarigen Raupen – ich glaube die existieren gar nicht mehr, denn ich habe sie nie mehr gesehen. Ich habe sie mit Blättern in Schuhkartons gesperrt und Löcher in den Deckel gestochen – sie tun mir nachträglich noch leid. Wie es in diesen Kartons roch, daran kann ich mich ebenso erinnern wie an den Duft der weißen Ligusterblüten …

Also, die Akeleien … Ewald hat sie unter der Ligusterhecke ausgegraben. Einige haben wir umgepflanzt, was gar nicht so einfach war, weil es an dem Tag entsetzlich heiß war. Und mit dem Rest in der Vase habe ich ihnen ausgiebig nachgetrauert. Denn ich habe es im Frühling immer geliebt, am Spalier grüßender Akeleien vorbeizugehen, sobald ich den Garten betrat. Nichts bleibt, wie es ist, und ich versuche, dem Fluss des Lebens zu folgen. Aber es ist eine schwere Übung für mich.

Magst du Akeleien auch so gerne?

Liebste Grüße,
Deine D.

Wer was versteht von Gemütlichkeit

Ich kann wunderbar nichts tun

Liebe Lisa,

seit Mittag haben wir strahlenden Sonnenschein – endlich! Ich kann mich nicht entsinnen, jemals so viele düstere Tage an einem Stück erlebt zu haben. Ich habe nur noch schnell die Äpfel, die Ewald am Morgen geschält und zurechtgeschnitten hatte, mit Zimt zu Apfelmus verkocht, wonach es im Haus herrlich duftete. Ich freue mich schon darauf, Apfelkuchen zu backen.

Ich habe mir etwas Leichtes angezogen – zum Glück habe ich noch nicht die ganze Sommerkleidung in den Speicher gebracht – und bin durch raschelndes Laub zu unserem Sitzplatz am Barockgarten unter der Eiche gelaufen, wo ich mich genüsslich in einen Liegestuhl habe fallen lassen. Kater Piccoli hatte die gleiche Idee gehabt und lag bereits schlummernd auf seinem Lieblingsplatz unter dem Baumhaus. Er ist in vielem wie ich und bestätigt den Spruch »Wie der Herr, so's Gescherr!«. Denn er ist sensibel und ängstlich, liebt Gemütlichkeit, hat einen ausgeprägten Sinn für Qualität – er bettet sich vorzugsweise auf meiner Cashmere-Decke – und einen empfindlichen Magen, genau wie ich. Ich habe ein natürliches Phlegma. Schon in meiner Jugend wurde ich stets von anderen ermahnt: »Bitte tu etwas! Beschäftige dich mit etwas Sinnvollem! Lies doch etwas!«, was mich gerade an einen Sketch von Loriot erinnert. Doch ich träumte lieber vor mich hin und hing meinen Gedanken nach, was ich immer noch gerne tue. Monika Mann sagt, dass Müßiggang Kreativität freisetzt, und ich kann ihr nur beipflichten. Ewald, der neben mir im Liegestuhl lag – ich hatte ihn davon überzeugt, dass morgen auch noch Zeit war, die Dusche im Gästezimmer zu reparieren – las mir aus der *Zeit* ein Zitat von Ulrich Wickert vor: »Ich kann wunderbar nichts tun.« – »Na, dann befinde ich mich ja in bester Gesellschaft!«, sagte ich.

Das Buch, das ich über Tante Bally*17 habe, trägt den Titel *Wer was versteht von Gemütlichkeit**21. Ja, bei ihr war es immer gemütlich und durch sie habe ich gelernt, was Gastfreundschaft heißt. Mein erster Mann und Vater meiner Töchter, der es sich auch gerne gemütlich macht, sagt seit dem Besuch bei meiner holländischen Verwandtschaft immer bei passender Gelegenheit: »Gezellig, hè?« Darum sind unsere Töchter von beiden Seiten her vorbelastet. »Dann machen wir es uns gemütlich!«, sagt Lotte immer voller Inbrunst – was wir bei einem Glas Wein ausgiebig tun. Als ich letztens bei meiner Physiotherapeutin im Auto mitfuhr und ihre Ungeduld beim Autofahren bemerkte, sagte ich schmunzelnd: »Sie spiegeln mir gerade eine Seite wider, die ich von mir selbst so gut kenne. Ich war immer der Meinung, dass ich ein geduldiger Mensch bin, bis ich von Maggy eines Besseren belehrt wurde. Ich mache es mir gerne gemütlich. Jedoch, wenn ich mich dazu entschließe, etwas zu tun, dann muss es in Windeseile geschehen, damit ich schnellstens wieder zur Gemütlichkeit zurückkehren kann!«, worauf sie in schallendes Gelächter ausbrach. Manchmal rutscht einem wirklich, ohne dass man es beabsichtigt, etwas Ur-Komisches heraus!

So bin ich also heute Nachmittag gemütlich im Liegestuhl gelegen und habe die milde Wärme genossen. Die Wiese und die Terrasse lagen voller Eichenlaub. Damit bin ich immer im Zwiespalt: Soll ich die Terrasse kehren oder das Laub lieber liegen lassen? Da kommt mir der Spaziergang in den Sinn, den ich einmal mit Erda und Elisabeth durch den Weimarer Park an der Ilm gemacht habe. Zuerst waren die Wiesen voller Buchenlaub gewesen, das in der Sonne golden leuchtete. Doch als wir zurückgingen, war es aufgesammelt worden, und wir waren uns alle drei einig, dass es vorher viel schöner ausgesehen hatte. Ja, die Vergänglichkeit und das liebenswerte Chaos – nicht jeder hat einen Sinn dafür ... Momentan hängen die Bäume zum Glück noch voller Laub. Bald werden wir Blätter harken müssen. Jetzt muss ich Rollys Spruch wieder anbringen: »Jeder Nachteil hat seinen Vorteil!« Denn dass eine der großen Buchen auf dem Nachbargrundstück gefällt worden ist, erspart uns eine Menge Arbeit – und doch hätte ich mir jetzt liebend gerne Zeit dafür genommen. Während ich diesen Gedanken nachhing, genoss ich die wärmende Sonne. Da fiel mir auf einmal die Arbeitsliste ein, die ich gestern Abend mit Feuereifer geschrieben hatte, und für einen kurzen Augenblick beschlich mich ein schlechtes Gewissen. Doch ich wischte es entschieden

*Ganz oben:
Ich arrangiere
einen Herbststrauß.*

*Rechts:
Kater Piccoli hat
einen ausgeprägten
Sinn für Qualität.*

Oben: Der Korkspindelstrauch in leuchtendem Herbstkleid

zur Seite. Die lang ersehnte Wärme in sich aufzunehmen, war so wohltuend und die Arbeit nicht so dringlich, es konnte warten. Und vor lauter Wonne vergaß ich ganz meinen Termin bei der Physiotherapie … Es war aber auch so behaglich unter der Eiche! Wenn ein Windzug ging, segelten die Blätter gemächlich vom Baum herab, und immer wieder vernahm ich den dumpfen Aufprall einer Eichel. Kohlweißlinge umschwärmten die Fette Henne, und im Hintergrund labten sich zahllose Bienen an den Japanischen Herbstanemonen. Am Baum hingen rot die Äpfel, die ich vor der Ernte hatte verteidigen können. Er erinnerte mich an das Aquarell »Apfelernte« von Carl Larsson. Aus der Mahonie am Haus leuchteten knallrot einzelne Blätter heraus, wie, wenn ein Maler in einem Anfall guter Laune hie und da ein Blatt rot angepinselt hätte … Ich hoffe, es kommen noch viele solcher Tage!

Alles Liebe,
D.

Mamas Apfelkuchen

750 g Äpfel – säuerlich und mürb, am besten 'Boskoop' – schälen und in Stücke schneiden. Mit Rum oder Cognac, Rosinen, zerkleinerten Walnüssen, Haselnüssen oder Mandeln und Zimt kurz anschmoren – die Apfelstücke sollen fest bleiben. Falls sie zu viel Flüssigkeit ziehen, etwas Saft abgießen. Abkühlen lassen.

250 g Mehl auf die Arbeitsfläche sieben, 1 Prise Salz hinzufügen. In der Mitte eine Mulde drücken, 75 g Zucker, Vanillezucker und 1 Ei hineingeben und ringsherum 125 g in Stücke geschnittene kalte Butter auf dem Mehl-Rand verteilen. Die abgeriebene Schale einer Bio-Zitrone daraufreiben. Vom Rand zur Mitte hin einen Teig kneten, möglichst rasch arbeiten, damit er nicht zu viel mit den warmen Händen in Berührung kommt. Immer wieder Mehl auf die Unterlage streuen, damit der Teig nicht anklebt.

Teig zu einer Kugel formen, drei gleiche Teile daraus machen. Den Boden einer runden Springform buttern. Ein Drittel des Teigs mit den Fingern vorsichtig darauf verteilen. Dabei die Finger immer wieder mit Mehl bestäuben. Die Teigplatte ist hauchdünn. Den Rand der Springform daraufsetzen und mit dem zweiten Drittel des Teigs einen Rand formen, dazu den Teig halbieren, Schlangen daraus rollen und diese an den Rand der Springform drücken. Die Apfelmasse auf dem Boden verteilen. Aus dem letzten Drittel des Teigs ein Gitter machen, indem man den Teig halbiert und aus den Hälften je drei schmale Schlangen rollt, die einmal waagerecht und einmal senkrecht auf die Apfelmasse gesetzt werden.

Den Kuchen etwa 30–40 Minuten im mäßig heißen Backofen goldgelb backen. Sahne dazu servieren.

Ganz oben:
Ich reiche gern Champagner
zu einer festlichen Stunde.

Oben:
Duftende Quitten

Links:
Die Herbstanemonen um-
spielen den Apfelbaum.

Ward ein Blümchen mir geschenket

Die Blume heißt Milchstern und hält ewig!
Daher wird sie auch Gärtnerschreck genannt

Liebe Lisa,

als ich heute zum Einkaufen fuhr, um Plätzchen zu kaufen – der Gärtner hatte sich angesagt – und für Bettina Blumen – wir waren danach zum Tee verabredet –, erkundigte ich mich im Blumengeschäft nach dem Namen einer Blume, die mir neulich aufgefallen war. Ich saß mit meiner Physiotherapeutin im Lenbachhaus im Café und genoss den spektakulären Blick auf den Königsplatz – die Tische waren damit geschmückt, was deren noble Eleganz unterstrich. »Sie heißt Milchstern und hält ewig!«, sagte die Blumenverkäuferin, »Daher wird sie auch ›Gärtnerschreck‹ genannt.« Ich musste innerlich schmunzeln und dachte: »Im Leben ist die Freude des einen doch oft der Kummer des anderen.« Wegen des trüben Wetters entschied ich mich für einen Strauß leuchtend gelber Blumen. Als die Verkäuferin sie mir lächelnd überreichte, kam mir das Bild aus der Geschichte »Ward ein Blümchen mir geschenket« in den Sinn – eins meiner Lieblingskinderbücher, mit Illustrationen von Hilde Hoffmann aus dem Jahre 1966. Der Text von Hoffmann von Fallersleben fängt mit folgendem Wortlaut an:

Ward ein Blümchen mir geschenket,
Hab's gepflanzt und hab's getränket.
Vögel, kommt und gebet acht!
Gelt, ich hab es recht gemacht?

Mir geht der Text jedes Mal zu Herzen, wenn ich ihn meinen Enkelkindern vorlese. Und die freudvollen Illustrationen gehören für mich zum Schönsten, was ich auf diesem Gebiet kenne.

Doch zurück zu den haltbaren Blumen. Einerseits freut man sich natürlich, wenn eine Blume nicht so schnell verwelkt, wie der Milchstern, weil man sich länger an ihr erfreuen kann. Aus diesem Grund kaufe ich mir auch gerne Inkalilien. Sie haben eine so außergewöhnliche Zeichnung. Schon ein einziger Stängel – bei der elfenbeinfarbenen kommt die filigrane Zeichnung besonders gut zum Ausdruck – sieht auf dem kleinen Tisch an der Terrassentüre edel aus. Dennoch bin ich eine feurige Verfechterin der Schönheit des Vergänglichen. Eine Rose hält nur ein paar Tage, aber gerade ihre Fragilität und Vergänglichkeit macht sie so kostbar. Ich habe ein Gemälde von Rudi Tröger[*22], auf dem er das Stadium eines verwelkenden Rosenbouquets dargestellt hat, was irgendwie eine Saite in mir anrührt. Mit Dingen, die neu, glänzend und allzu perfekt sind, fühle ich mich nicht wohl. Ich empfinde sie als steril, ihnen fehlt die Wärme und der Charme des Vergangenen und Gelebten, sie können keine Geschichte erzählen – im Gegensatz zu Inneneinrichter Frédéric Méchiche. Er erschafft Bühnenbilder aus antiken Baumaterialien und Möbeln, an denen die Zeit deutliche Spuren hinterlassen hat, die er belässt, ja sogar zelebriert, was er bis zum Exzess treibt. Und zum Schluss würzt er diese Inszenierung noch mit einer Prise Modernem. Die Patina von alten Hölzern und anderen Materialien, die Méchiche salonfähig gemacht hat, lässt auch mein Herz höher schlagen. So habe ich mich in ein antikes Eisenbett verliebt, das Ewald in liebevoller Arbeit restauriert hat und das jetzt als Gästebett fungiert. An seiner Vielfarbigkeit kann man die einzelnen Farbschichten erkennen, in denen es einmal gestrichen war. Durch seine lässige Ausstrahlung drängt es sich nicht in den Vordergrund und lässt sich, ebenso wie ein verblasster Stoff, gut mit anderen Dingen kombinieren.

Als der Schreiner neulich kam und durchs Haus ging, um zu inspizieren, was er zum Flair beigetragen hat, sagte er aus vollem Herzen: »Im Grunde sind Sie ein Vorreiter des Shabby Chic!«, was mir zugegebenermaßen ziemlich geschmeichelt hat. Ich mag die morbide Schönheit verblichener Fresken in einer Kirche, weil sie Distanz lassen und mir die Möglichkeit geben, sie allmählich zu entdecken. Ihre verborgene, geheimnisvolle Schönheit sagt mir mehr als die Direktheit leuchtender Farben. Understatement ist mein Motto, denn wahre Schönheit hat es nicht nötig zu protzen, sie überzeugt durch ihre Selbstverständlichkeit. Ich möchte Dinge erahnen, im Geiste ergänzen können, will, dass Raum bleibt für meine Fantasie, was

mich an den Reiz einer unvollendeten Symphonie denken lässt oder an die reduzierte Einfachheit, die Essenz eines Kunstwerks von Picasso oder Matisse. Im Film oder in einem Buch ist es der offene Schluss, der mehrere Möglichkeiten offen lässt, den ich als echt und unsentimental und – im Gegensatz zum Happy End – als nicht kitschig empfinde. Ich mag die Falten in einem Gesicht, sie geben ihm Tiefe, machen es zerbrechlich und liebenswert. Ein alter Mensch hat eine andersartige Schönheit, die von innen kommt und ihn nach außen hin strahlen lässt. Der Verfall gehört zum Leben, er ist wahrhaftig, und wer das nicht annimmt, bringt sich um eine wichtige Erfahrung. Denn er entzieht sich einem Reifungsprozess und einer Entwicklung, die Chancen in sich birgt. Im Leben geht es um Entwicklung und Wachstum. Goethe interessierte sich – als Wissenschaftler – für die Metamorphose der Pflanze und hat die bahnbrechende Theorie aufgestellt, die »mannigfaltigen, besonderen Erscheinungen des herrlichen Weltgartens auf ein allgemeines, einfaches Prinzip zurückzuführen«. Ja, die komplexe Verwandlung macht uns Lebewesen zu Individuen – und doch gehen wir irgendwann alle wieder in eine Ganzheit über. Wie gut, dass Blumen unterschiedlich sind, ich mag sie alle, auch wenn ich manche besonders gerne mag. Sie sind zum Glück nicht statisch, sondern unterstehen einem ständigen Wandlungsprozess: von der geschlossenen Knospe bis zur weit geöffneten, von der Blüte bis zur Frucht, mit ihrem ganzen Farbspektrum – und Blumen sind vergänglich …

Als der Gärtner kam, um die Buchenhecke zu schneiden, ist die lang ersehnte Sonne endlich herausgekommen. Und ich dachte, dass ein wenig Nachlässigkeit doch auch sein Gutes hat, denn ein paar rote Hagebutten wilder Rosentriebe, die ich übersehen hatte, leuchteten fröhlich aus dem Beet heraus. Die Zweige des Apfelbaums neigten sich unter der Last zu den Japanischen Herbstanemonen herab, die sich ihnen entgegenstreckten, als wollten sie einander umarmen. Ich stürmte gleich hin, um ein Foto davon zu machen. Lautes Bienen-Gebrumm brachte das Bild der Biene Maja zurück, eine Sendung, die ich mir früher oft mit meinen Kindern angesehen hatte – ach, war das lange her … Stolz zeigte ich dem Gärtner einige neu erworbene Pflanzen – seine Reaktion war verhalten. (Wenn ich doch nur Gedanken lesen könnte …) Dann tranken wir einen Espresso auf der Terrasse und freuten uns über die Sonne, die sich zurzeit so rar machte. Und der Gärtner klagte mir sein Leid, dass er wegen des schlechten Wetters mit seiner Arbeit gar nicht nachkäme. Er versprach, im Oktober – »nach der Wies'n!« – zurückzukommen, um Blumenzwiebeln zu setzen und mir ein paar rot-gelb gestreifte Papageientulpen mitzubringen. Und schon eilte er davon, »Zum Biergarten!«

Bei Bettina fand ich mich mit einiger Verspätung zum Tee ein. Die Äpfel von ihrem Baum waren sauer und die Haselnuss, die ich verkostete, bitter … Die Cantuccini hingegen, die sie aus der Toskana mitgebracht hatte, waren deliziös. Plötzlich verschwand sie und kam mit einer Mappe wieder, in denen sich Fotos von Bildern befanden, die sie gemalt hatte. Mir gefiel das von einer Blume, das auf mehrere Tafeln aufgeteilt war, besonders gut, weil es ganz zart und fragil wirkte. Bettina versprach, im Keller nachzusehen, um mir ein paar Werke in natura zu zeigen. Ich freue mich schon darauf!

Liebe Grüße,
D.

G'schichten von meinem Gärtner

Wenn der Gärtner mit Blumen kommt, ist das für mich wie Geburtstag und Weihnachten zugleich

Liebe Lisa,

heute möchte ich dir von meinem Gärtner erzählen. Er gehört schon seit vielen Jahren »zur Familie« und hat mit seinen Ideen wesentlich zur Entstehung unseres Gartens beigetragen. Wenn er mit zufriedenem Gesichtsausdruck durch den Garten schreitet und sich über dieses und jenes freut, realisiere ich, dass er mehr als nur ein Gärtner ist, so wie Slavka unendlich mehr als eine bloße Haushaltshilfe. Möchtest du wissen, wie ich mit ihm in Kontakt gekommen bin?

Mit dem Barockgarten war ich schon seit Langem nicht mehr zufrieden. Die Rosen hatten sich zu großen Büschen ausgewachsen und wucherten unkontrolliert über die Buchseinfassung, sodass die Anlage gar nicht mehr kultiviert aussah. Da begegnete ich auf einer Gartenausstellung Frau T. Sie ist Fotografin, aber auch passionierte Gartenbesitzerin, die ihr Wissen darüber in Vorträgen weitergibt und etliche Gartenbücher verfasst hat. Ich vertraute ihr meinen Kummer an, und sie kam angereist, um meinen Garten in Augenschein zu nehmen und mich nach bestem Wissen zu beraten. Natürlich monierte sie – was ich bereits befürchtet hatte –, dass der Barockgarten nicht in der Symmetrie-Achse zum Haus liegen würde. Jedoch das zu verändern hätte einen zu großen Aufwand erfordert, was sie mit ihrem praktischen Sinn sofort einsah. Zunächst riet sie mir dazu, die hohen Rosen durch niedrigere zu ersetzen und diejenigen, von denen ich mich nicht trennen konnte, nach außen zu versetzen. Später, als wir beim Essen zusammensaßen und plauderten – mein Kartoffelgratin mit rosa gebratener Entenbrust schien ihr sehr zu schmecken – hatte sie einen grandiosen Einfall: »Was halten Sie davon, auf der anderen Seite des Gartens ein Pendant zum Barockgarten zu schaffen, indem Sie dort auch ein Beet mit einer Buchseinfassung anlegen?« Ich war von ihrer Idee sofort begeistert. Und da mir Christine, eine alte Schulfreundin, einen Gärtner ans Herz gelegt hatte, der früher bei ihr in der Nähe ein Blumengeschäft gehabt hatte und jetzt im Botanischen Garten arbeitet, zögerte ich nicht lange und setzte mich mit ihm in Verbindung. So war er es, der die Vision von Frau T. in die Tat umsetzte, indem er die hohen Rosen umpflanzte und – quasi spiegelbildlich – ein zweites Barockbeet schuf.

Doch nicht nur das. Von meiner Terrasse hatte ich Ausblick auf das Nachbarhaus, das mir ein Gräuel ist, weil es wie eine Kaserne aussieht. Der Gärtner wusste sofort Rat. In seiner bayrischen Mundart sagte er: »I bring Eana an Hartriegel mit. Die san so schee!« Kurze Zeit später war ein Prachtexemplar ausgesucht und an der Terrasse eingepflanzt und verdeckte auf angenehme Weise die hässliche Aussicht. Nun gehört der Hartriegel zu meinen Paradestücken (und ich bin dem Gärtner für diesen Zuwachs unendlich dankbar). Im Mai ist er mit zahllosen flachen, weißen Blüten bedeckt, die an Zuckerblüten erinnern, was dem Baum ein märchenhaftes Aussehen verleiht. Eine der ersten Aktionen des Gärtners war es auch, die ganzen Rhododendren, die überall im Garten verstreut waren, auf der Westseite vor dem Bienenhaus zu einem Rhododendron-Hain zusammenzufassen. Im Botanischen Garten, den er zärtlich »den Botanischen« nennt, ist er schließlich auch für die Rhododendren zuständig. Als ich ihn dort einmal besuchte, holte er mich mit seinem Fahrrad am Eingang ab und zeigte sie mir voller Stolz. Jetzt, nach vielen Jahren, ist diese verschwenderische Ansammlung von blühenden Rhododendren im Mai ein Traum und wird von jedem bewundert. Eines Tages beobachtete ich, wie Carlo mit seinem Handy davorstand und Fotos machte. Auf meinen verwunderten Gesichtsausdruck hin sagte er: »Die Mutter eines Freundes glaubt mir nicht, dass Rhododendren so groß werden können. Hiermit werde ich ihr den Beweis liefern.«

Ja, der Gärtner hat wirklich Großes in unserem Garten vollbracht. Früher verlief die Ligusterhecke bis zu dem Punkt, wo man nach rechts zum Haus hin einbiegt. Der Gärtner fand, dass es schön wäre, den Liguster auf der anderen Seite des Weges als Bogen fortzusetzen und auf diese Weise einen Durchblick zum Haus zu schaffen. Das Projekt wurde von ihm ausgeführt und der Ligusterbogen schafft nun ein Gefühl von Intimität und Abgeschiedenheit. Seitdem die Hecke stark eingekürzt wurde und mich aus meinem Dornröschenschlaf geweckt hat, wirkt der Ligusterbogen, den wir in voller Größe haben stehen lassen, wie ein Natur-Monument und ich will – mit Ewalds Hilfe – dafür sorgen, dass die Hecke in Zukunft niedrig bleibt.

Auch meine Pflanzensammlung ist durch den Gärtner stetig bereichert worden. So hat er mich einmal mit der weiß blühenden Funkie 'Fragrant Bouquet' und der Jakobsleiter überrascht, weil er weiß, wie viel mir Düfte im Garten bedeuten. Kennst du die Jakobsleiter mit ihren gefiederten Blättern und zartlila Blüten? Sie duftet wie Walderdbeeren, und ich knie immer anbetungsvoll vor ihr nieder, um an ihren Duft zu gelangen, denn sie ist von niedrigem Wuchs. Irgendwann war sie verschwunden. Zum Glück hatte ich Slavka einen Ableger geschenkt, sodass sie wieder zu mir zurückkam.

Am Anfang brachte der Gärtner mir öfter bunte Blumen mit und sagte: »Damit a moi a Farb in Ihren Garten kommt!« Der war ihm

wohl zu »fad«, worin er mit Erda übereinstimmt, die mich auch immer mit meiner Vorliebe für Beige in meiner Wohnungseinrichtung neckt. Dieser bunte Blumenflor, den ich auf Christines Balkon in Schwabing immer so erquicklich fand, wurde zu seinem Leidwesen von mir nicht immer mit Enthusiasmus aufgenommen. Inzwischen weiß er, dass ich in meinem Garten zarte Farben in Weiß-, Rosa- und Lila-Tönen bevorzuge: »Chacun à son goût!«

Wenn der Gärtner mit Blumen kommt, ist das für mich wie Geburtstag und Weihnachten zugleich. Meistens bettle ich schon im April um Fingerhut. Doch dann bekomme ich von ihm zu hören: »Des is noch a wengerl früh!« Einmal, im Mai, vor einem Hauskonzert, kam er mit einem Auto voller Fingerhut hier an. Als er meine strahlenden Augen sah, sagte er scherzend: »Jetzt können's sich a moi richtig damit austoben!« Wie glücklich war ich da. Doch am nächsten Tag folgte der Wermutstropfen, als ich merkte, dass der Gärtner heimlich Fingerhut in »sein« Rhododendronbeet gepflanzt hatte. Trotzig überlegte ich, ob ich ihn nicht ebenso heimlich herausnehmen und zu »meinen« Rosen pflanzen könnte … Doch dann kam ich zur Besinnung und sprach mir selbst wie eine Gouvernante ins Gewissen: »Der Gärtner hat dir so viel Fingerhut mitgebracht. Gönn ihm doch auch etwas!« – und nahm reumütig Abstand.

In manchen Dingen lässt der Gärtner nicht mit sich reden. Was er nicht mag, bringt er einfach nicht mit, auch, wenn ich es mir noch so wünsche. So hatte ich ihn jahrelang gebeten, zuletzt gar angebettelt, mir Wollziest für den Barockgarten mitzubringen, weil ich fand, dass es mit seinem silbrigen Laub so gut zu den Steinelementen passen würde. Aber aus irgendeinem rätselhaften Grund hatte er sich stumm geweigert. Schließlich habe ich beschlossen, mir diesen Wunsch selbst zu erfüllen und mir ein paar silberfarbene Stauden gekauft. Es sieht genauso schön aus, wie ich es mir vorgestellt habe, und ich bereute, es nicht schon längst gemacht zu haben. Doch da hängt mir wohl meine Erziehung zum Gehorsam noch etwas nach …

Während Geräusche vom Heckeschneiden an mein Ohr dringen – Ewald, dem mein Wunsch Befehl ist, gibt der Ligusterhecke keine Chance hochzuwachsen – denke ich darüber nach, dass, seitdem er in mein Leben getreten ist und sich des Gartens mit so viel Liebe und Sorgfalt annimmt, mein Gärtner von mir arg vernachlässigt wird. Doch wenn es um einen fachmännischen Rat oder eine Spezialaktion geht – wenn Rosen geschnitten oder wie jetzt im Herbst Zwiebeln von Tulpen, Dichternarzissen oder Schachbrettblumen eingebracht werden müssen – bekomme ich von Ewald ausnahmsweise grünes Licht, den Gärtner zu rufen. Ja, Ewald hätte bestimmt selbst das Zeug zum Gärtner, was mich an den Roman *Lady Chatterley* denken lässt …

Für heute alles Liebe,
Deine D.

Ein Vogel im Schlaraffenland

Gib acht, kleines Vögelchen,
gleich kommt wieder eine Ladung Kompost angeflogen!

Liebe Lisa,

der Garten ist ein unerschöpfliches Betätigungsfeld für Ewald. Nur gut, dass er Rentner ist, denn nebenbei könnte er das alles gar nicht bewältigen. Heute hat er angefangen, den Kompost umzuschichten, was Schwerstarbeit ist. Aber das Ergebnis lohnt die Mühe, denn die schwarze Komposterde duftet wunderbar und wenn man sie durch die Hände rieseln lässt, kann man direkt fühlen, wie »fett« und fruchtbar sie ist. Auf einmal kam Ewald ganz aufgeregt ins Haus gelaufen und sagte: »Dina, du musst unbedingt kommen! Wir haben wieder Besuch von einem Vögelchen. Es sitzt auf der Komposterde, die ich gerade durchgesiebt habe. Komm schnell und schau es dir selbst an!« Vorsichtig lief ich hinter ihm her in Richtung Komposthaufen, die gut versteckt hinter Rhododendron-Büschen stehen. Und tatsächlich: Das Vögelchen war immer noch auf dem Hügel zugange, den Ewald aufgeschüttet hatte und pickte unermüdlich Leckerbissen heraus. Obwohl wir ganz in seiner Nähe standen und ihm dabei zusahen, ließ es sich von uns nicht aus der Ruhe bringen. Es war wirklich komisch, wie es auf dem Hügel umherhüpfte und dahinter verschwand, um dann plötzlich irgendwo wieder aufzutauchen. Als es, wie ein Bergsteiger, den höchsten Punkt erreicht hatte, verharrte es dort eine Weile und legte das Köpfchen schief, so als würde es lauschen oder plötzlich über etwas nachdenken. Doch dann hüpfte es munter weiter, um das nächste Häppchen zu ergattern, und auch Ewald setzte seine Arbeit fort. Leise sprach er auf das kleine Wesen ein: »Gib acht, kleines Vögelchen, gleich kommt wieder eine Ladung Kompost angeflogen!«, und behutsam warf er mit seinem Spaten Kompost an das Gittersieb, was das Vögelchen jedoch nicht weiter zu beeindrucken schien. Wir rätselten, was es für ein Vogel war. Es war klein und gedrungen und hatte eine schwach gefärbte rote Brust. Ob es ein Rotkehlchen war? Es war der lebendige Beweis dafür, wie reichhaltig unsere Komposterde ist – was den Gärtner mit Stolz erfüllt. Charlotte und Slavka haben auch schon Bedarf angemeldet. Demnächst kann die fruchtbare Komposterde auf unsere Beete verteilt werden, und nächstes Jahr werden dann wieder Rosen darauf blühen.

In einem Garten kann man den ewigen Kreislauf der Natur beobachten. Ist es nicht ein tröstlicher Gedanke, dass nichts verloren geht und aus Abfall, Tod und Verwesung neues Leben erwächst?

Liebe Grüße,
Deine D.

Rechts:
Hinter der Gartenbank leuchtet der Korkspindelstrauch.

Gegenüberliegende Seite:
Duftender Schneeball

Indian Summer

*Das Gemälde erschien mir wie ein Symbol für
die Metamorphose, die sich sowohl in Trögers welkenden Rosen
als auch draußen in der Natur vollzog*

Liebe Lisa,

heute ist Allerheiligen. Aber ich bin nicht wie viele andere zum Friedhof gepilgert, sondern habe im Stillen der Toten gedacht. Ich habe an meine georgischen Freunde Chatuna und Emsari denken müssen und wie sie die Erinnerung an ihre Toten aufrechterhalten. In Georgien ist es Tradition, anlässlich eines festlichen Essens Trinksprüche aufzusagen, in denen die Gastgeber die Wertschätzung für ihre Verwandten und Freunde zum Ausdruck bringen – wobei die Verstorbenen immer mit einbezogen werden. Das hat mich tief berührt.

Wie nah doch im Leben alles beieinander liegt … Die Natur schwindet dahin. Doch heute wurde uns noch ein milder Herbsttag geschenkt. Eigentlich hatten wir eine Wanderung machen wollen. Aber der Garten mit seinen leuchtenden Herbstfarben war so einladend, dass wir nicht widerstehen konnten. Wir haben uns zwei Korbsessel an die Hauswand gestellt und, während Ewald Zeitung las und ich meinen Gedanken nachhing, genüsslich die wärmenden Sonnenstrahlen in uns aufgenommen. Das Laub der großen Eiche bildete ein Blätterdach, das wie ein bunter Tiffany-Lampenschirm das Sonnenlicht filterte und alles in einen warmen Schein tauchte. Der Japanische Fächerahorn, dessen Rot von Tag zu Tag intensiver wird, funkelte im Hintergrund aus den Büschen heraus und behauptete sich auf dramatische Weise als Star der Jahreszeit. Und die riesige Buche auf dem Grundstück der Nachbarn hob sich mit ihren satten Goldtönen vom strahlend blauen Himmel ab. Es erinnerte mich an Bilder eines Kalenders, die »zu schön sind, um wahr zu sein« und einem fast kitschig vorkommen. Doch hier, wo ich an allem Anteil hatte, empfand ich diese verschwenderische Schönheit als wahrhaftig.

»Was duftet denn da so?«, fragte Ewald auf einmal. Ja, nun nahm ich den Duft nach Marzipan und Maraschino-Kirsche auch wahr. Und tatsächlich: Unser Schneeball war voller Blüten, genau wie im Frühjahr. Ein Eichhörnchen, schwarz mit weißer Brust – ich meine, es im Garten schon öfter gesehen zu haben – sammelte Haselnüsse auf, die Ewald übersehen hatte. Es sah possierlich aus. Dann rannte es eilig auf dem Weg davon, indem das Köpfchen und der Körper mit dem langen Schwanz eine stromlinienartige Form bildeten. Ich musste unwillkürlich an Walt-Disney-Filme denken. Welch eine brillante Beobachtungsgabe er doch hatte, und wie meisterhaft er all die typischen Haltungen und Bewegungen der Tiere in Szene hatte setzen können. Beim Gedanken an Chip und Chap musste ich innerlich schmunzeln. Dieses Eichhörnchen hätte dafür Modell stehen können. Behände kletterte es auf den Zaun, auf dessen Latten es eine Weile entlanglief, bevor es schwungvoll auf der anderen Seite hinunterhüpfte und aus dem Blickfeld verschwand.

Seit einer Woche war auf Winterzeit umgestellt, was sich bemerkbar machte. Denn die Sonne, die schon ganz schräg stand, verließ uns bereits gegen halb vier, indem sie hinter den hohen Bäumen des Grundstücks gegenüber in Deckung ging. Schlagartig wurde es kühl, was uns zwang, ins Haus zu gehen, und Ewald versprach, bald ein Kaminfeuer zu machen. Durchs Fenster drangen ein paar letzte Sonnenstrahlen, die über das Rosengemälde von Rudi Tröger[*22] glitten und es mit pulsierendem Leben erfüllten. Es erschien mir wie ein Symbol für die Metamorphose, die sich sowohl in Trögers welkenden Rosen als auch draußen in der Natur vollzog …

Wir sind dann doch noch in den Park gegangen. Es hatte bereits angefangen zu dämmern, und die untergehende Sonne setzte die herbstlich verfärbten Bäume rings um uns herum in Flammen. Schwärme von Krähen flogen schreiend über unsere Köpfe dahin. Wie Anwärter für das Abendmahl zogen sie in einer endlos langen Folge als schwarze Schatten an der diffusen Silhouette des Mondes vorbei, der sich, von zarten Wolken umspielt, für die Nacht bereit machte. Ein Maler der Romantik, Caspar David Friedrich zum Beispiel, hätte bestimmt ein Motiv darin gefunden. Die etwas irreal wirkende Szenerie erinnerte mich an den Astrid-Lindgren-Film *Ronja Räubertochter*, dessen märchenhafte, zuweilen schauerliche Naturbilder sich in mein Gedächtnis eingeprägt hatten. Mit meinem Fotoapparat bewaffnet, versuchte ich, atemlos von Ort zu Ort eilend, noch vor Sonnenuntergang all das Schöne einzufangen. Eine Frau auf einem Fahrrad sagte im Vorbeifahren: »Wir müssen gar nicht nach Kanada – wir haben auch hier einen Indian Summer!« Du wirst bestimmt Protest dagegen einlegen …

Herbstliche Grüße,
D.

Rechts und ganz unten:
Das Laub unserer Eiche leuchtet
golden in der Sonne.

Kürbissuppe oder Liebe geht durch den Magen

Es gibt für mich nichts Gemütlicheres, als zu den Klängen von Billie Holiday zu kochen

Liebe Lisa,

es ist schon kühl geworden – stell dir vor, heute Morgen waren es nur fünf Grad! Und allmählich fange ich an, mich auf gemütliche Kaminabende zu freuen. Wenn es kalt wird, bekomme ich auch Lust zu kochen. Dann lege ich mir Stapel Kochbücher bereit, die mich dazu animieren, mal wieder etwas Neues auszuprobieren. So habe ich in einem toskanischen Kochbuch, das mir Monika und Günter einmal geschenkt haben, ein raffiniertes Risotto-Rezept mit Radicchio entdeckt, das ich seit Langem nachkochen will. Mein Cousin Günter war meine erste große Liebe. Als ich mit neun Jahren ins Internat ging, schrieb er in mein Poesiealbum:

»So wie die Rosen erblühen, wirst auch du aufgehen. So wie die Erde sich um die Sonne dreht, wirst auch du deinen Weg durch diese Welt machen. Meine besten Wünsche begleiten dich ins Schweizer Land.«

Irgendwann waren die Wände seines Schlafzimmers voll mit Fotos von einem jungen Mädchen im Bikini … Es war ein harter Schlag für mich. Inzwischen mögen Monika und ich uns sehr gerne – und die beiden sind mein »Vorzeigepaar«, wenn ich einen Beweis dafür brauche, dass es die große Liebe wirklich gibt. Doch zurück zu den elementaren Dingen des Lebens: zurück zum Essen! Wenn draußen das Wetter nicht dazu verleitet, in der Sonne sitzen zu wollen, gibt es für mich nichts Gemütlicheres, als bei swingenden Klängen von Billie Holiday zu kochen – mein Vater hat mir die Liebe zum Jazz eingepflanzt. Die Abende, die ich im Münchner Jazzclub Unterfahrt verbringe, gehören zu den glücklichsten Augenblicken meines Lebens. Wenn mich die Begeisterung packt, lade ich die Musiker zu mir nach Hause ein. Daher waren schon Jazzgrößen wie David Gazarov, Harald Rüschenbaum, Andrea Hermenau, Henning Sieverts und Christian Elsässer bei mir zu Gast, um nur einige von ihnen zu nennen. Bei mir läuft also – wie in den Filmen von Woody Allen – meistens Jazz im Hintergrund, wenn ich in der Küche stehe. Zunächst bereite ich wie in einer Fernsehküche alle Zutaten vor und zelebriere den Akt des Kochens mit einem guten Glas Wein. Die Düfte, die meinen Kochtöpfen entsteigen, bewirken, dass Ewald den Kopf zur Küche hereinsteckt, und seine heitere Miene verrät, wie sehr er sich schon aufs Essen freut. Immer findet er sich bereit, ein paar Handgriffe zu übernehmen: die Pfeffermühle aufzufüllen, Parmesan zu reiben, zu probieren, ob die Spaghetti al dente sind, und vieles mehr. Diesen Herbst habe ich noch keine Kürbissuppe gekocht … Früher habe ich diese Suppe nach einem Rezept von Eckart Witzigmann gemacht, was sehr aufwendig ist. Doch dann hat mir Rolly, der ein großartiger Koch ist, ein Rezept gegeben, das schnell zubereitet ist und wozu nur wenige Zutaten benötigt werden. Für den delikaten Geschmack ist es allerdings wichtig, Muskatkürbis zu verwenden, und als i-Tüpfelchen würzt man zum Schluss mit Schnittlauch und Parmesan. Sie schmeckt köstlich! Rolly ist es bestimmt recht, dass ich dir das Rezept abschreibe und mitschicke.

Heute habe ich schweren Herzens die Sommerkleidung weggeräumt, ich kann sie ja doch nicht mehr anziehen. Prompt kam ab Mittag die Sonne heraus. Damit verhält es sich wie mit einem Regenschirm: Hat man keinen dabei, wird man vom Regen überrascht; hat man daran gedacht, bleibt der Regen aus. Da Slavka kam, hätte ich mich nicht wohlgefühlt, mich im Liegestuhl zu räkeln, und ich machte mich stattdessen daran, Dinge im Haus zu erledigen. Ich brachte die Winterkleidung in Ordnung, erfreute mich an den Sakkos, die ich so lange hatte entbehren müssen, und drapierte passende Seidentücher dazu. Einstein soll angeblich den Schrank voller gleicher Anzüge gehabt haben, damit er keine Zeit verschwenden musste, sich für einen Anzug zu entscheiden. Wie langweilig! Ich erleichtere mir die Sache, indem ich Kombinationen vorbereite, damit ich, wenn es schnell gehen muss, mit einem Griff das Passende finde. Zwischendurch schaute ich zu Ewald, der Zeitung lesend in der Sonne lag, und entdeckte dicke Spinnweben unter der Dachrinne. Slavka rückte mit dem Staubsauger an und blieb mit dem langen Kabel ständig irgendwo hängen, woraufhin ich sie neckte: »Sind Sie mit der Nummer noch frei?« Diesen Spruch, der sowohl in die Artisten- als auch in die Zirkuswelt passt, habe ich von Mama übernommen und er lässt sich immer wieder – zur allgemeinen Erheiterung – anbringen. Lachen ist doch eine wundervolle Droge! Ich weiß noch, wie Tante Ida und ich einmal ein Bett beziehen wollten, wobei wir uns so ungeschickt anstellten, dass Tante Ida einen Lachkrampf bekam – was ansteckend wirkte, sodass wir zum Schluss beide aus dem Lachen nicht mehr herauskamen und uns völlig geschwächt aufs Bett fallen ließen. Ist es nicht schön, wenn man durch so etwas aus dem Alltagstrott gebracht wird?

Als Slavka gegangen war, machte ich es mir mit dem Buch *Goethe als Gartenfreund* in der Nachmittagssonne gemütlich und schaute mir die Skizzen an, die er von Blumen, Gärten und Landschaften gemacht hat. Eine, auf der er

Rollys Kürbissuppe
für 6 Personen

1 kg Muskatkürbis ohne Schale, gewürfelt, in 1 l Kalbsbrühe weich kochen, was ungefähr eine halbe Stunde dauert, pürieren und durch ein Sieb pressen.

3 Esslöffel Butter schmelzen und 1 Bund in feine Ringe geschnittene Frühlingszwiebeln darin bei niedriger Hitze weich schmoren.

Dann die Kürbismasse und 0,5 l Milch hinzufügen, zum Kochen bringen und 5 Minuten köcheln.

Auf sechs kleine Teller verteilen, je 1 Esslöffel Sahne in die Mitte gießen und mit Schnittlauchröllchen und Parmesan bestreuen.

eine nächtliche Mondstimmung festgehalten hat, gefiel mir besonders gut. Goethe ist nachts oft in seinem »Garten am Stern« gesessen, um den Mond zu betrachten. Wie viele Talente er doch hatte. Und wehmütig dachte ich daran, wie viele Begabungen oft in uns brachliegen, bis sie eines Tages – vielleicht – an die Oberfläche kommen. Ich wanderte mit der Sonne mit, bis ich schließlich mit meinem Buch auf der Terrasse landete, wo ich die allerletzten Minuten auskostete, bis die Sonne kurz nach sechs hinter den Bäumen des Nachbargrundstücks verschwand.

Für heute alles Liebe,
Deine D.

Metamorphosen – Von der Leidenschaft des Einrichtens

Etwas Goldenes könnte ich mir gut vorstellen!

Liebe Lisa,

heute haben mich Gewitter und Regengüsse ins Haus getrieben. Ich habe es mir im Wohnzimmer gemütlich gemacht und mich in die Landschaft auf meiner Empire-Kanne hineingeträumt, auf der Ruinen im Stil der Antike dargestellt sind. Sie hat jetzt endlich ihre Bestimmung gefunden. Denn jahrelang hatte sie im Esszimmer auf der Fensterbank hinter dem Cembalo ein stiefmütterliches Dasein geführt, wo sie keiner wirklich beachtet hat. Du weißt ja, dass ich eine Passion fürs Einrichten habe. Ein Haus nach seinen Vorstellungen einzurichten, ist, genau wie das Anlegen eines Gartens, ein fortwährender kreativer Prozess, der zum Glück nie zu Ende ist. Ich kenne fast nur Männer, mein Sohn Carlo inklusive, die konservativ veranlagt sind. Für sie muss alles so bleiben, wie es einmal war. Wir Frauen hingegen lieben die Abwechslung. Wenn Christine und ich zusammen sind, bieten wir meist den gleichen Anblick: Wir laufen emsig mit Bildern durchs Haus und hängen um. Denn das ist unser Lebenselixier! Der neue Blickwinkel schärft die Sinne und plötzlich nimmt man ein Bild wieder wahr. Natürlich zieht eine solche Aktion immer Dinge nach sich. Denn ein Bild muss ja in seine Umgebung passen. Also werden Möbel gerückt und Vorhänge und Accessoires ausgetauscht. Doch diesmal handelte es sich nicht um ein Bild, sondern um den Couchtisch aus Kastanienholz, den wir aus der Toskana mitgebracht hatten und der mir seit Langem ein Dorn im Auge war. In einem toskanischen Bauernhaus mit hohen Balkendecken würde er sich bestimmt gut machen. Doch in meinem Wohnzimmer wirkte er derb und korrespondierte weder mit dem antiken Spiegel in Marmor-Optik noch mit dem eleganten Empire-Schreibtisch von Onkel John. »Etwas Goldenes könnte ich mir gut vorstellen!«, tönte Erda, als ich ihr mein Leid klagte. Sie hat einen unfehlbaren Geschmack, doch ich möchte meinen Stil gerne selbst entwickeln und reagiere meistens mit Abwehr, wenn sie mir einen Ratschlag erteilt. Ohne dass es mir bewusst war, nahm ihr Vorschlag in mir allmählich Gestalt an. Und als ich bei einer Geschäftsauflösung in München einen eleganten Louis-XV-Sessel entdeckte, stand mein Entschluss endgültig fest: Der Couchtisch musste raus!

Neuerdings gehe ich immer erst durchs Haus, bevor ich mir etwas kaufe. Auf diese Weise hatte ich auch den alten Schlafzimmerschrank meiner Mutter, der jahrelang im Keller die Star-Wars-Figuren von Carlo beherbergt hatte, wieder zum Leben erweckt. Und tatsächlich: Unter Stapeln von Musiknoten leuchtete mir der alte Couchtisch von Tante Ida und Onkel John aus Zürich entgegen. Ob ich den einmal ausprobieren sollte? Gesagt – getan. Er sah aus, als sei er für unser Wohnzimmer maßgeschneidert. Erda hatte recht: Der warme Goldton des Messing-Tisches nahm sowohl die goldenen Verzierungen des Schreibtisches als auch des Spiegels auf und alles wirkte heller und leichter. Da fiel mir die Empire-Kanne ein. Ich stellte sie zusammen mit einem Leuchter aus Bronze auf den Tisch und auf einmal fügte sich alles zu einem homogenen Bild zusammen. Mehrmals am Tag blieb ich bewundernd davor stehen und fand, dass John Saladino – mein großes Vorbild – mit mir zufrieden sein konnte. Ein paar Tage später überraschte mich Slavka mit dem großen Kelim, den ich im Herbst auf einem Flohmarkt ergattert hatte. Sie hatte sich bereit erklärt, die schadhaften Stellen zu flicken. Die Holzdielen aus Ulme kamen im Zusammenspiel mit den Farben des Kelims noch besser zur Geltung, und das Esszimmer bekam eine elegante Note. Als Erda am Abend kam, war es schön, die Freude mit ihr zu teilen. Ob den Kindern die Metamorphose auffallen wird? Jetzt fehlt nur noch ein Teppich im Kaminzimmer. Denn der rote Gebetsteppich, der dort ursprünglich gelegen und arg gelitten hatte, ist auf Slavkas Vorschlag hin im Eingang aufgehängt worden. Mir schwebt ein alter Teppich in verblichenen Blau-Grün-Tönen vor wie bei einem antiken Gobelin …

Liebe Grüße,
Deine D.

Es schneit...

Ich fördere junge Talente beim
»Münchner Klavierpodium der Jugend« und
beim »Jungen Münchner Jazzpreis«, worin sich vielleicht
meine eigenen Ambitionen von früher spiegeln

Liebe Lisa,

es schneit ... Und wenn es schneit, scheint die Welt stillzustehen. Die Stille hat mich ganz erfüllt, und plötzlich bin ich wie ein Schlafwandler die Stufen zu meinem Zirkusmuseum hinabgestiegen, um die Vergangenheit aufzusuchen. Am Eingang des Zirkusmuseums haben wir eine Fotowand eingerichtet. Denn es hat mich irgendwie traurig gemacht, dass darin nur Fotos von Tante Ida und Onkel John[*8] hingen und gar keine von meinen Eltern. Jetzt ist eine weitere Vergangenheitswelt hinzugekommen mit Fotos von Mama und Tante Ida aus ihrer Zeit im Ballett »Carise«[*23], mit dem sie in den Dreißigerjahren die Welt bereist haben. Im Rahmen der Münchner Ballettschule, die ihnen die Großmutter aus Bad Kissingen ermöglicht hatte, hatten sie im Film *Du bist mein Glück* mitgetanzt. Beim Deutschen Theater, wo sie einen Job als »Nummerngirl« angenommen hatten, sind sie dann vom Revue-Ballett »Carise« entdeckt worden. Als Tänzerinnen waren sie sehr schlank und haben sich immer so graziös bewegt, wodurch sie auch im Alter jugendlich und attraktiv wirkten. Da sie jeden Tag hart trainieren und akribisch auf ihre Figur achten mussten, waren sie beide äußerst diszipliniert. Jeden Monat machte Mama einen Obsttag und, nach Anweisungen von Onkel Fritz, regelmäßig eine Semmelkur, um schlank zu bleiben. Mama war nicht nur hart zu sich selbst, sondern auch zu uns Kindern. Für mich war es schlimm, wenn sie mich rigoros aus dem schönsten Spiel herausriss, nur weil ich Klavier üben sollte. Auch Rolly hat sehr unter ihrer Strenge gelitten. Schon vor der Schule musste er Geige üben. Wenn Mama zum Einkaufen ging, hat er vor dem Notenständer stehend Comics gelesen, die er rasch hinter seine Noten verstecken konnte, wenn sie in Sicht kam.

Um die Mittagszeit rief mich Maggy an. Wir hatten uns viel zu erzählen, und ich merkte gar nicht, wie die Zeit verflog. Als ich sah, wie spät es schon war, beeilte ich mich zu sagen: »Du, Maggy, ich muss jetzt unbedingt aufhören. Gleich kommt Slavka und ich bin immer noch im Morgenmantel.« Maggys Antwort verblüffte mich: »Ach, Mama, du bist eben eine Schriftstellerin, wie sie im Buche steht. Die läuft auch den ganzen Tag im Morgenmantel herum und trinkt Whiskey.« – »Oh«, sagte ich schmunzelnd, »den Whiskey muss ich mir noch besorgen!«

Wo war ich stehen geblieben? Ach ja, bei Mama. Sie hat sich sehr für Tanz interessiert. Ich musste mir als Kind mit ihr immer die

Kessler-Zwillinge im Fernsehen anschauen, die nahezu ein Abziehbildchen waren von ihr und Tante Ida – vor meinem geistigen Auge sehe ich noch, wie Alice und Ellen mit ihren schönen, langen Beinen eine Treppe hinunterschreiten.

Im Keller sind auch Fotos von den Auftritten meiner Eltern hinzugekommen, auf denen »Ruth Tomm und van Driesten« steht. Mama sitzt am Flügel oder spielt Akkordeon und sieht mit ihren blonden Locken aus wie ein Engel. Und Papa – der jedes Instrument spielen konnte: Klavier, Akkordeon, Mundharmonika oder was auch immer – macht komische Faxen. Ich muss jedes Mal lachen, wenn ich daran vorbeigehe.

Meine Eltern haben sich an der Scala Berlin kennengelernt, wo das Ballett »Carise« und die »Hotchas«*14 gemeinsam in einer Vorstellung auftraten. Danach verloren sie sich wieder aus den Augen. Die Mädchen vom Ballett wurden von ihrem Direktor streng behütet, sodass es für einen Mann nahezu unmöglich war, Kontakt zu ihnen aufzunehmen. Doch mein Vater räumte sämtliche Hindernisse zur Seite. Er kam auf die grandiose Idee, sich als Pianist beim Ballett engagieren zu lassen. Dafür war er sogar bereit, die »Hotchas« eine Zeit lang im Stich zu lassen. 1942 haben meine Eltern geheiratet, wodurch Mama einen holländischen Pass bekam und nicht zum Landjahrdienst eingezogen werden konnte. Sie hat das Ballett verlassen, und meine Eltern sind gemeinsam mit einer Musiknummer auf Tour gegangen.

Ebenso wie Tante Bally war Papa ein Vollblutkomödiant par excellence, auf der Bühne wie auch privat. Es war schwer, mit ihm auch nur einmal ein ernstes Gespräch zu führen, denn er war zutiefst unernst und hat immer alles ins Komische oder Lächerliche gezogen. Vielleicht war das seine Art, sich der Realität zu entziehen, denn er war sehr sensibel. Letztens habe ich mir einen Film mit Yves Montand angesehen. In der Geschichte glänzte er – wie Papa – durch Abwesenheit, jedoch, wenn er einmal heimkam, mit überbordendem Charme und Humor, sodass ihm im Grunde keiner böse sein konnte. Ich erinnere mich noch daran, wie Papa uns manchmal, wenn wir im Sommer in München waren, in Omis Schrebergarten eine Privatvorstellung gegeben hat. Wir, sein Publikum, standen im Garten, und er erschien todernst im Fenster des Häuschens und hielt eine flammende politische Rede auf Russisch, was er gar nicht konnte, aber dessen Tonfall er aufgrund seiner Musikalität nachproduzieren konnte. Wir bogen uns vor Lachen. Später einmal hat Papa unserer russischen Freundin Alla mit so viel Charisma ein russisches Lied am Klavier vorgesungen, dass er ihr Herz für immer gewonnen hat. Manchmal führte Papa uns aus zum Chinesen. Mit seinen chinesischen Freunden hat er eine Fußball-Mannschaft gegründet, wonach er in der Lage war, uns täuschend echte Kostproben der chinesischen Sprache zu geben, was bei uns wahre Lachsalven auslöste.

Maggy hat etwas davon geerbt, und wir betteln sie oft an, bayrisch, hamburgisch oder sächsisch zu sprechen oder eine Person zu imitieren. So gab es bei Tengelmann einmal eine ältere Kassiererin, die auf eine so tranige Art und Weise sprach. Maggy hat gleich das Typische erfasst und sie parodiert. Und jedes Mal, wenn ich im Supermarkt war, musste ich mir das Lachen verkneifen, wenn ich die Kassiererin sprechen hörte – weil mir Maggy dabei einfiel.

Auch Mama hatte komödiantisches Talent. Im Ballett hat man ihr die komischen Rollen gegeben, denn sie hatte, im Gegensatz zu Tante Ida, die immer schön sein wollte, keinerlei Hemmungen, sich zu entstellen. Wenn sie im Kino war, konnte sie den Film aufgrund ihres schauspielerischen Talents so spannend nacherzählen, dass die Mädchen im Ballett sag-

*Rechts und unten:
Mama und Tante Ida beim
Ballett »Carise«*

*Ganz unten links:
Das »Hotcha-Trio«,
links im Bild mein Vater
Geert Jan van Driesten*

*Ganz unten rechts:
Mama und Papa mit
Henk Lodema am Bass*

ten, sie wollten gar nicht ins Kino, es sei viel schöner, wenn sie es ihnen erzählen würde. Und dieses Talent lässt sich bis in ihre Kindheit zurückverfolgen, als sie in München in der Nähe des Gärtnerplatztheaters wohnte, wo sie bereits kleine Rollen übernahm. Als sie den Däumling spielte, erschrak sie, als der Riese im Schlaf laut schnarchte, derart überzeugend, dass ein Schauer durchs Publikum ging. Weil sie so viel Sinn für Schauspielerei und Komik hatte, sah sie sich gerne die großen Komiker an, wie Denny Kaye, Jack Lemmon und Toon Hermans. Ich werde nie vergessen, wie Mama Hans Mosers Stottern nachmachen konnte oder die Mainzelmännchen im Fernsehen mit ihrem »Guten Abend!«. Der Bauch tat mir weh vor Lachen.

Trotz dieser komischen Begabung war sie stark in Konventionen gefangen. Sie hätte niemals auf der Straße ein Eis geschleckt, denn gutes Benehmen war für sie unabdingbar. Omi hingegen habe ich als sehr frei empfunden. In ihrem Wesen lag etwas Geniales und Unkonventionelles, und es war nichts Enges, Pedantisches oder Spießiges in ihr. Ich erinnere mich noch, wie sie Weihnachten mit kühnem Schwung Silberlametta in den Baum geworfen hat. Die Szene war filmreif. Mama hat gerne mit Onkel Fritz diskutiert. Einmal entbrannte eine Diskussion über Glaubensfragen und Mama hat eines ihrer langen Plädoyers gehalten. Als sie damit endlich zu Ende war, sagte Omi, als habe sie auf ihr Stichwort gewartet: »Amen!« – und das, obwohl sie sehr gläubig war. Das Gespräch war mit einem Kassettenrekorder aufgenommen worden, und hinterher haben wir noch oft schallend darüber gelacht. Omi war eine Gräfin ohne Allüren. Und auch, wenn sie auf Umgangsformen großen Wert legte, vor allem auf Pünktlichkeit, ging es bei ihr zum Glück nicht steif zu. Wenn sie jemanden als allzu korrekt empfand, sagte sie augenzwinkernd: »Du Krampfhenna!« Dennoch war immer ein Quäntchen Contenance mit dabei, was folgende Anekdote belegt. Omi hat sich im Kino einen Liebesfilm angesehen. Als es zu der Stelle kommt, wo der Mann seine Frau betrügt, soll Omi aufgestanden sein und mit erhobenem Regenschirm »Sie Schuft!« geschrien haben, was im Saal allgemeine Heiterkeit ausgelöst hat. Ihre Contenance führt uns zurück zu Mamas guten Manieren. Während Tante Ida ihr Frühstück in der Küche zwanglos auf einem Barhocker am Bügelbrett einnahm, um die schöne Aussicht auf Genf genießen zu können – sie besaß nicht nur Eleganz, sondern auch praktischen Sinn –, saß Mama einsam schmollend am Esstisch. Sie hat mir gutes Benehmen geradezu mit Löffeln eingetrichtert – meine Internatserziehung hat auch dazu beigetragen – sodass ich, um mich nur einigermaßen aus diesen Zwängen zu befreien, jahrelang eine Therapeutin brauchte, bei der ich »die Gouvernante« hieß. Inzwischen habe ich erleichtert festgestellt, dass jeder Mensch mehr oder weniger neurotisch ist. Das erinnert mich an Woody Allen und seinen *Stadtneurotiker*. Ich liebe seinen Humor! Außerdem läuft in seinen Filmen oft Jazz im Hintergrund, was ich sehr sympathisch finde. Ewald las mir im Feuilleton der *Zeit* Aussprüche von Künstlern über den Tod vor. Woody Allen wurde gefragt: »Möchten Sie gerne im Herzen Ihrer Zuschauer weiterleben?« – »Ich würde lieber in meiner Wohnung weiterleben« war seine ernüchternde Antwort. Das muss ich unbedingt John[*24] erzählen, dann haben wir wieder etwas zu lachen! Die Therapie hat mir gutgetan. Dennoch leiden meine Mitmenschen – insbesondere Ewald – immer noch darunter, dass ich auf Umgangsformen so viel Wert lege, auch, wenn mir inzwischen bewusst ist, dass das gar nicht so wichtig ist.

Aber kommen wir zur Bildergalerie zurück. Dort hängen auch Fotos von den »Hotchas«. Auf Youtube habe ich einmal ein Video entdeckt, auf dem mein Vater und seine Kollegen eine derart komische Nummer aufführen – sie tragen Perücken aus der Barockzeit und bewegen sich äußerst würdevoll –, dass mir die Tränen über die Wangen liefen. Diese »bewegten Bilder« von meinem Vater anzuschauen, der nicht mehr lebt, hat mich zutiefst angerührt.

Die Fotos von Tante Bally als »Schönheitskönigin von Schneizlreuth«[*17] haben im Keller ebenfalls ein Plätzchen gefunden. Auf der Hochzeit mit meinem ersten Mann und Vater meiner Töchter hat sie uns mit dieser komischen Nummer überrascht, was mir unvergesslich bleiben wird …

Als letzter in der Reihe der Künstler rangiert mein Bruder als Dirigent[*25]. Rollys Foto hängt – einzeln und mittig – über den anderen, sodass er auch seine Familie dirigiert. Das war ein kreativer Einfall von Maggy. Rolly ist ein begnadeter Musiker, und es ist ein Jammer, dass ihn der Hörsturz, den er auf dem Zenit seiner Laufbahn erlitten hat, dazu gezwungen hat, das Dirigieren aufzugeben. Ich kann ihm stundenlang zuhören, wenn er seine Dirigentengeschichten erzählt. Du weißt doch, dass ich bei einem Klavier- und bei einem Jazz-Wettbewerb einen Preis vergebe. Als ich neulich dem Klavierkonzert von Grieg beigewohnt habe, das von meiner Preisträgerin Sandra Urba[*26] gespielt und vom Symphonieorchester Paderborn unter Leitung meines Neffen Merijn[*20] begleitet wurde, hat mich das an eine von Rollys Anekdoten erinnert. Bei den unverwechselbaren ersten Takten dieses Klavierkonzerts setzt sich der Konzertflügel quer über die Bühne in Bewegung, was den dramatischen Charakter dieser Anfangstakte auf sonderbare Weise unterstrichen hat. Loriot hätte es nicht besser inszenieren können. In der nächsten Anekdote steht mein Bruder, der mit dem Auto unterwegs ist, vor einer roten Ampel. Er hört sich im Radio eine Symphonie an. Es erfolgt eine Pause. Als der nächste Satz erklingt, fährt er beschwingt los – ungeachtet dessen, dass die Ampel noch auf Rot steht …

Mit meiner neuen Fotowand bin ich sehr zufrieden. Bis mir wieder etwas Neues einfällt … Seltsam, alle aus meiner Familie sind gerne auf der Bühne gestanden, nur ich habe Bühnenangst. Ich weiß noch, wie ich als kleines Mädchen auf der Bühne saß und nicht zu spielen anfing, bis mir mein lieber Klavierlehrer, der mir nur Einser gab, die Noten aufs Podium brachte und mich wieder zum Leben erweckte. Papa liebte es, im Mittelpunkt zu stehen. Und Rolly, der als kleiner Bub von unseren Eltern auf Tournee mitgenommen worden war, stahl ihnen einmal die Schau, indem er sich während ihrer Vorstellung auf einen Stuhl stellte und die Nummer unserer Eltern parodierte – womit er das Publikum zum Toben brachte, unseren sonst so humorvollen Vater jedoch ziemlich verärgert hat … Warum ist dieses Talent bei mir nur nicht durchgeschlagen? Ich denke, dass ich mich durch den Ehrgeiz und die hohen Erwartungen meiner Mutter zu sehr unter Druck gefühlt habe. Außerdem stand ich im Schatten meines begabten Bruders. Dafür fördere ich jetzt junge Talente beim »Münchner Klavierpodium der Jugend«[*15] und beim »Jungen Münchner Jazzpreis«[*16], worin sich vielleicht meine eigenen Ambitionen von früher spiegeln. Beim Wettbewerb brauche ich nur ein paar Takte zu hören, und schon weiß ich, ob ich ein großes Talent vor mir habe. Die Erfahrungen der letzten Jahre haben mir gezeigt, dass ich mich auf meine Fähigkeiten und meine Intuition verlassen kann. Und diese Aufgabe macht mich sehr glücklich.

Alles Liebe,
D.

Oben:
In Omis Schrebergarten wird Papa von Onkel Fritz mit Blumen »gefüttert«.

Rechts oben:
Meine Eltern standen oft gemeinsam auf der Bühne.

Rechts unten:
Bally Prell bei einem Auftritt als »Schönheitskönigin von Schneizlreuth«

Weihnachten bei uns zu Hause

*Die Kinder sind erwachsen und führen ihr eigenes Leben.
Doch an Weihnachten zieht es sie wie ein Bumerang nach Hause*

Liebe Lisa,

die Herbststürme wehen die letzten Blätter von den Bäumen. Es ist bitterkalt geworden und Ewald hat Holz am Kamin aufgestapelt, damit wir Feuer machen können – für mich gibt es nichts Gemütlicheres.

Ich muss unbedingt in die Stadt fahren, um Lebkuchen für meine Familie in Holland zu besorgen, damit sie sie pünktlich zu Nikolaus bekommen, ein Fest, das in Holland weitaus mehr Bedeutung hat als Weihnachten. Man beschenkt sich und die schöpferisch Veranlagten zerbrechen sich tagelang den Kopf und verfassen Gedichte für ihre Liebsten. Und was wie bei uns zu Weihnachten das Wichtigste ist: Die ganze Familie versammelt sich. Die Tradition, zu Nikolaus Lebkuchen zu verschenken, hat Tante Ida eingeführt. »Doch nicht irgendwelche Lebkuchen, nein! Es dürfen nur die köstlichen Nürnberger Lebkuchen von Haeberlein-Metzger sein!« Diese Sätze würden sich für ein Nikolausgedicht eignen. Ob ich es dem Lebkuchenpaket für Rolly und Wendy beifüge? Ich kann mich noch daran erinnern, wie mir Tante Ida, als ich im Internat in Gstaad war, also bereits in den Sechzigerjahren, Lebkuchen aus München geschickt hat. Im großen, adventlich geschmückten Esszimmer des Chalets wurde ich mit dem Riesenpaket Lebkuchen vor mir an einen Extratisch gesetzt, womit ich mich nicht sehr wohl gefühlt habe.

Bald haben wir Advent. Ich will nachsehen, ob die Lichterkette noch funktioniert, und Ewald bitten, sie wieder in die Korkenzieher-Haselnuss am Hauseingang zu hängen. Die Weihnachtsgirlanden müssen auch bestellt werden. Ich mag natürliche, schlichte Weihnachtsdekoration und lehne allzu viel Glitzer und Kitsch ab. Wenn Weihnachten naht, wird das Haus auf Hochglanz gebracht. Bevor die Girlanden aus Tanne aufgehängt werden können, müssen die Fenster, das Silber und die Kristall-Lüster geputzt werden, die dann wieder im Kerzenschein funkeln. Ich muss anfangen, mich um die Weihnachtsgeschenke zu kümmern. Die Kinder machen so etwas ja immer in allerletzter Minute. An Heiligabend ist hier immer große Hektik, weil noch schnell ein paar Geschenke besorgt und eingepackt werden müssen. Für mich ist das nichts. Wenn man älter wird, braucht man dazu Ruhe und Muße.

Einmal konnten wir uns in der Familie nicht einigen, wo der Weihnachtsbaum stehen sollte. Normalerweise steht er im Wohnzimmer. Doch ich fand, dass sich das Esszimmer mit dem Dielenboden aus Ulme gut als Weihnachtszimmer eignen würde. Es wäre dann sozusagen eine skandinavisch gefärbte Weihnachtsstube à la Carl Larsson. Die Kinder legten einstimmig Protest ein. An Weihnachten muss für sie alles so sein wie jedes Jahr.

Zaghaft machte ich einen Vorschlag: »Wie wäre es, wenn ich zwei Tannenbäume kaufen würde? Es wäre doch schön, wenn wir im Esszimmer auch einen hätten!« Maggys Kommentar war niederschmetternd: »Der Weihnachtsbaum ist doch kein Deko-Artikel, Mama!« Ich schämte mich ein bisschen … Doch als an Heiligabend der Weihnachtsbaum – wie immer – in unserem Wohnzimmer erstrahlte, war ich wieder versöhnt. Den Versuch, einmal einen niedlichen, kleinen Baum haben zu wollen, habe ich aufgegeben. Es würde ja doch nur kategorisch abgelehnt werden. Maggy behauptet, Charlottes Weihnachtsbaum würde meinem wie einem Zwilling gleichen. Das hat mich sehr gefreut.

Im Dezember wird Carlo mich anrufen: »Mum, wann treffen wir uns denn, um Spitzbuben zu backen?« Carlo ist konservativ veranlagt und hängt an Traditionen. Und ein Weihnachtsfest ohne Spitzbuben nach dem Rezept von Mieze, seiner Urgroßmutter väterlicherseits, ist für ihn undenkbar.

Miezes Spitzbuben
140 g Butter, 210 g Mehl, 70 g Zucker und Vanillezucker bzw. abgeriebene Zitronenschale verkneten und ausrollen, was recht mühsam ist, weil der Teig bröckelt. Mit einem kleinen Schnapsglas Teilchen ausstechen und auf einem gefetteten Blech in ca. 12 Minuten im mäßig warmen Ofen hellgelb backen. Dick mit Puderzucker bestreuen und wenden. Ein Teilchen mit rotem Johannisbeergelee bestreichen, das andere mit der Puderzuckerseite nach außen daraufsetzen. Die Spitzbuben in dichten Lagen in Blechbüchsen packen.

Oh, wie das duftet! Mehrmals am Tag stecke ich meine Nase in die Keksbüchse. Ich gehöre nicht zu den perfekten Hausfrauen, die mindestens zehn Sorten Plätzchen backen. Bei uns gibt es Spitzbuben, und damit basta!

Mama hat zu Weihnachten immer Stollen gebacken. Rolly hat diese Tradition von ihr übernommen, und jedes Jahr spekuliere ich darauf, von ihm ein Paket Stollen zu bekommen.

Der Kauf eines Weihnachtsbaums ist für mich eine heilige Handlung. Ich mache das meistens mit Carlo, denn er hat eine Engelsgeduld. Ich muss mich in einen Baum verlieben können. Und es passiert nicht selten, dass ich einen Stand unverrichteter Dinge verlasse. Der Verkäufer schaut mich fassungslos an, wenn ich sage: »Tut mir leid. Mein Traum-Baum ist nicht dabei!« Da fällt mir eine witzige Szene aus *E-Mail für dich* ein, wo Kathleen, gespielt von Meg Ryan, allein und etwas missmutig einen riesigen Weihnachtsbaum hinter sich herschleift … Unsere Weihnachtsbaum-Käufe sind auch filmreif! Einmal haben Ewald und ich den Weihnachtsbaum selbst im Wald geschlagen. Alles war verschneit und es war nicht leicht, meinen Traum-Baum zu entdecken. Danach sind wir mit Freunden am Lagerfeuer gesessen und haben uns mit Punsch wieder aufgewärmt. Apropos Punsch, auch das gehört zu unserer Familientradition. In unserer Familie wacht Maggy streng darüber, dass der Punsch nicht vergessen wird, und meldet sich freiwillig, um die Orangen dafür zu pressen. Wir trinken ihn am Abend vor Heiligabend, wenn wir gemeinsam den Baum schmücken, während im Hintergrund Cecilia Bartoli läuft. Jedes Jahr wird abgestimmt, wer für Ketten und wer für Bänder ist. Denn entweder hängen wir Perlenketten in horizontaler Linie auf oder Geschenkbänder in vertikaler – beides zusammen sieht nicht gut aus. Damit ist die Silberlametta-Tradition abgelöst worden.

Carlo wohnt schon seit einigen Jahren nicht mehr zu Hause. Letztes Jahr kündigte er an, dass er am 23. gegen Abend mit seiner Familie hier eintreffen würde. Ahnungslos fragte ich ihn: »Wollt ihr denn nicht bei euch den Weihnachtsbaum schmücken?« – »Nein, Mama!«,

Oben links:
Meine Sammlung an Christbaumschmuck wächst mit jedem Jahr, doch es geht auch manches zu Bruch…

Links:
Spitzbuben sind eine süße Verlockung! Mehrmals am Tag stecke ich meine Nase in die Keksdose. Oh, wie das duftet!

antwortete er entrüstet, »Ich will ZU HAUSE den Baum schmücken!« Auch Charlotte habe ich schon öfter vorgeschlagen, dass wir Heiligabend bei ihnen feiern könnten. Doch sie sagt, die Kleinen würden sich so auf das Weihnachtsfest bei Oma freuen. Für Maggy scheint das ähnlich zu sein. Als wir zu einer Opernaufführung nach Hamburg gefahren waren, wo sie das Bühnenbild für *Les Enfants Terribles* von Philip Glass gemacht hatte, kamen wir mit einem Freund von ihr ins Gespräch. Von ihm erfuhr ich, wie viel es meiner Tochter bedeutet, an Weihnachten nach Hause zu fahren. Die Kinder sind erwachsen und führen ihr eigenes Leben. Doch an Weihnachten zieht es sie wie ein Bumerang nach Hause.

»Was magst du an Weihnachten besonders gerne?« wurde Carlo einmal gefragt. »Das Singen!«, sagte er mit leuchtenden Augen. Carlos Freund muss ihn angesehen haben, als sei er von einem anderen Stern. Ja, bevor es bei uns Bescherung gibt, werden die Kerzen am Baum angezündet, und dann singen wir. Die Kleinen müssen diese Spannung aushalten, was gar nicht so einfach ist. Wir singen traditionelle Weihnachtslieder, für Claudio welche auf Englisch wie »Santa Claus is Coming to Town« und als Höhepunkt unser Lieblingslied »Eine Muh, eine Mäh, eine Tä-terä-tä-tä!« Und dann kichern wir wie kleine Kinder, wenn es zur Stelle kommt »Und die Grete kriegt 'ne Flöte«, weil wir bei Grete natürlich an unsere Maggy denken müssen! Inzwischen habe ich Strophen hinzugedichtet, in denen meine Enkelkinder vorkommen.

Zur Bescherung, die sich lange hinzieht, reiche ich Prosecco, herzhafte Häppchen und Spitzbuben, damit wir es eine Weile aushalten, bis es endlich Fondue gibt. Denn es wird immer nur ein Geschenk überreicht, und die anderen schauen zu, wenn es ausgepackt wird. Für die Kleinen ist das wieder eine schwierige Übung. Doch wir finden es wichtig, dass sie lernen, sich an der Freude der anderen ebenso erfreuen zu können wie an der eigenen.

Wenn ich an das Weihnachten meiner Kindheit denke, fällt mir die kleine rote Spieluhr ein, bei der sich Engelchen um einen Weihnachtsbaum im Kreise drehten, während »Stille Nacht, heilige Nacht« erklang. Es wurden Wunderkerzen in den Baum gehängt, und im ganzen Haus roch es nach Stollen, Punsch und Kaninchenbraten, zu dem es natürlich bayrische Knödel gab! Und ich sehe Mamas strahlendes Gesicht vor mir …

Ist es nicht schön, dass die Bedeutung des Weihnachtsfestes von Omi an Mama, von Mama an mich, und von mir an meine Kinder weitergegeben worden ist? Und ich weiß, dass es sich fortsetzen wird. Helene sprach letztens davon, wie sehr sie sich schon auf Weihnachten freut, »denn da ist es immer so gemütlich!« Auch, wenn es bei uns – wie in jeder Familie – Auseinandersetzungen und Konflikte gibt, ist das Zusammengehörigkeitsgefühl an Weihnachten spürbar. »Wenn Weihnachten ist, wenn Weihnachten ist …«

Dir eine schöne Adventszeit
und liebe Grüße, D.

Mamas Punsch

Je 1 ½ Flaschen Rotwein und Weißwein langsam mit 1 Stange Zimt, ein paar Nelken, ein paar Esslöffeln Zucker und einer großen Kanne Schwarztee erwärmen. Vorsicht, der Punsch darf nicht kochen! 2–3 Pfund Orangen und 2 Zitronen auspressen und hinzugeben. Zum Schluss einen ordentlichen Schuss Rum hinzufügen.

*Rechts und unten:
Mein Schlafzimmer
als Refugium.*

*Folgende Doppelseite:
Das Art-déco-Silber
mit den Initialen JOMAR von John
und Mable Ringling, das auf
John Ringling North überging.*

A Passion for Flowers

Ewald meint, es sähe so royal aus ...

Liebe Lisa,

hast du auch immer Blumen in deiner Nähe? Im Supermarkt habe ich weiße Rosen mit Hortensien und Eichenlaub ergattert, wovon ich mir gleich zwei Sträuße gegönnt habe, denn sie waren gar nicht teuer. Eine Rose war abgeknickt. Sie steht jetzt in einer kleinen Glaskaraffe neben meinem Bett und erfreut mein Auge, wenn ich mich zur Bettlektüre oder zum Tagebuchschreiben in mein Refugium zurückziehe. Dieses Privileg erinnert mich an *Ein Zimmer für sich allein* von Virginia Woolf. In meinem »Zimmer für mich allein« habe ich lauter Dinge um mich versammelt, die für mein Wohlgefühl sorgen. Auf der Couch vor dem Fenster, hinter dem die Birke mit Efeu wächst, liegen eine Decke, die Slavka aus einem alten Pelzmantel genäht hat, Kissen in warmen Rottönen und Cashmere-Schals mit Paisley-Muster, und der Blick aus dem Fenster strahlt Ruhe aus. Bei mir landen Schals meistens zu Dekorationszwecken auf einer Couch oder einer Chaiselongue und dienen Piccoli als wärmende Unterlage. Ich habe auch die Glastüren von Mamas altem Kleiderschrank damit dekoriert. Über mein Bett, in dem Wäsche in ruhigen Farben einladend wirkt, habe ich am Kopfende einen Himmel aus verschiedenen Stoffbahnen gebreitet. Ewald meint, es sähe so royal aus ... Ich mag nicht, wenn es in meinem Zimmer allzu ordentlich ist. Auf dem Schrank habe ich Mamas alten Dior-Koffer, die Louis-Vuitton-Taschen von Tante Ida und antike Hutschachteln mit schönen Aufschriften dekoriert. Überall im Zimmer sind Erinnerungsstücke verteilt, wie alte Fotos, Alben und Modeschmuck, und Bücher liegen lässig herum. Auf der Fensterbank steht hinter Orchideen in zarten Farben ein kleines Ölgemälde, das eine Berglandschaft darstellt. Ich habe es aus dem Rahmen befreit, weil er das Bild erschlagen hat, und solange es

auf einen neuen wartet, gefällt es mir auch so. Ich freue mich immer, wenn meine Orchideen im Winter Blüten bekommen. Oft sind es diese kleinen Freuden, die einen glücklich machen.

Im Winter, wenn ich im Garten keine Blumen schneiden kann, gönne ich mir manchmal einen Blumenstrauß – ja, oft genügt eine einzige Blume, um einen Raum zu verschönern, wenn man sie nur gekonnt in Szene setzt. Neulich hat mir Sigrid eine weiße Kalla mitgebracht. Ihr Stiel war etwas gebogen und sie sah in der Glaskaraffe so zart und elegant aus, dass mein Blick immer wieder daran hängen blieb. Doch zurück zu meinem Schlafzimmer: Gekrönt wird es von einem edlen Seidenvorhang in Grau, der sehr gut mit dem antiken Teppich in Orange-Rot und Braun-Tönen harmoniert. In meinem Refugium kann ich mich – wie in einem schützenden Kokon – regenerieren, um immer wieder ins Leben hinauszufliegen.

Doch jetzt möchte ich dir von meinen Blumen weiter erzählen. In meiner Gartenbibliothek befinden sich ein paar Bücher, die ich anbetungswürdig finde. So ist *A Passion for Flowers* ein Buch, das mich immer wieder begeistert, weil es Savoir-vivre, Stil und Geschmack ausstrahlt. Carolyne Roehm präsentiert außergewöhnliche Blumen-Arrangements, die dennoch nicht gekünstelt, sondern natürlich wirken. Auch hinter dem schlichten Titel *Von Blumen – im Haus, im Garten, in der Küche* verbirgt sich ein wahrer Schatz. Es enthält Aufnahmen, die von Fanny Bergenströms Liebe zu den Blumen erzählen.

Für mich stellt es immer wieder eine Herausforderung dar, für einen Blumenstrauß die richtige Vase auszusuchen. Manchmal dauert es Tage oder erfordert mehrere Anläufe, bis ich endlich zufrieden bin. Mit der Zeit weiß man natürlich, welche Vase für welche Blumen geeignet ist oder in welchem Gefäß die meisten Blumen gut zur Geltung kommen. Bei mir ist es eine antike graue Amphore aus Eisen, die ich auf einem Trödelmarkt entdeckt habe. Dennoch ist es jedes Mal eine Überraschung, wenn man eine Vase, einen Krug oder ein Glasgefäß für einen Blumenstrauß gefunden hat. Wenn ich in einer Wohnzeitschrift oder einem Einrichtungsbuch blättere, lasse ich mich gerne anregen. Oft geschieht es dann, dass ich auf einmal im Garten unterwegs bin, um ein paar Blumen oder Zweige zu schneiden, die ich in einem neu entdeckten Gefäß ganz anders arrangiere als sonst. Ich glaube schon, dass ich schöne Sträuße machen kann. Erda zumindest bewundert immer die Feldblumensträuße, die ich an Konzerttagen zusammenstelle. Doch ich staune jedes Mal, wenn Charlotte und Maggy einen Strauß komponieren. Es ist das Lässige und Zwanglose, was es so liebenswert macht. Der Strauß aus Efeuranken und Hortensien, den Maggy an meinem Geburtstag in einer Karaffe des gelben Majolika-Geschirrs inszeniert hat, erinnert mich an jenen besonderen Tag. Und Lotte hat einmal Feldblumen in einem Korb arrangiert und zu einem Hauskonzert mitgebracht, was von allen bewundert worden ist. Auch meine Schwägerin Wendy hat ein Händchen für Blumen. Zum Doppelkonzert von Ines Höpfl und Clara Siegle[*27] hat sie eine originale Blumendekoration für die große Tafel kreiert aus lauter kleinen Väschen mit Wiesenblumen, wie Löwenzahn und Vergissmeinnicht, und Efeuranken, die die einzelnen Vasen miteinander verbunden haben.

Ich mag Feldblumen, die der Sommer für uns bereithält. Als ich einmal im Park mit Wiesenblumen unter dem Arm dahinschritt, fuhr mich eine Frau an: »Wir wollen auch etwas von den Blumen haben! Sie sind für uns alle da!« Ich fühlte mich ertappt … Doch dann dachte ich: »Die Wiesen sind doch voller Blumen! Bald wird alles abgemäht werden. Warum soll ich mich denn nicht bedienen, solange es noch Blumen in verschwenderischer Fülle gibt?« Ewald gab Kontra und sagte, da sie ei-

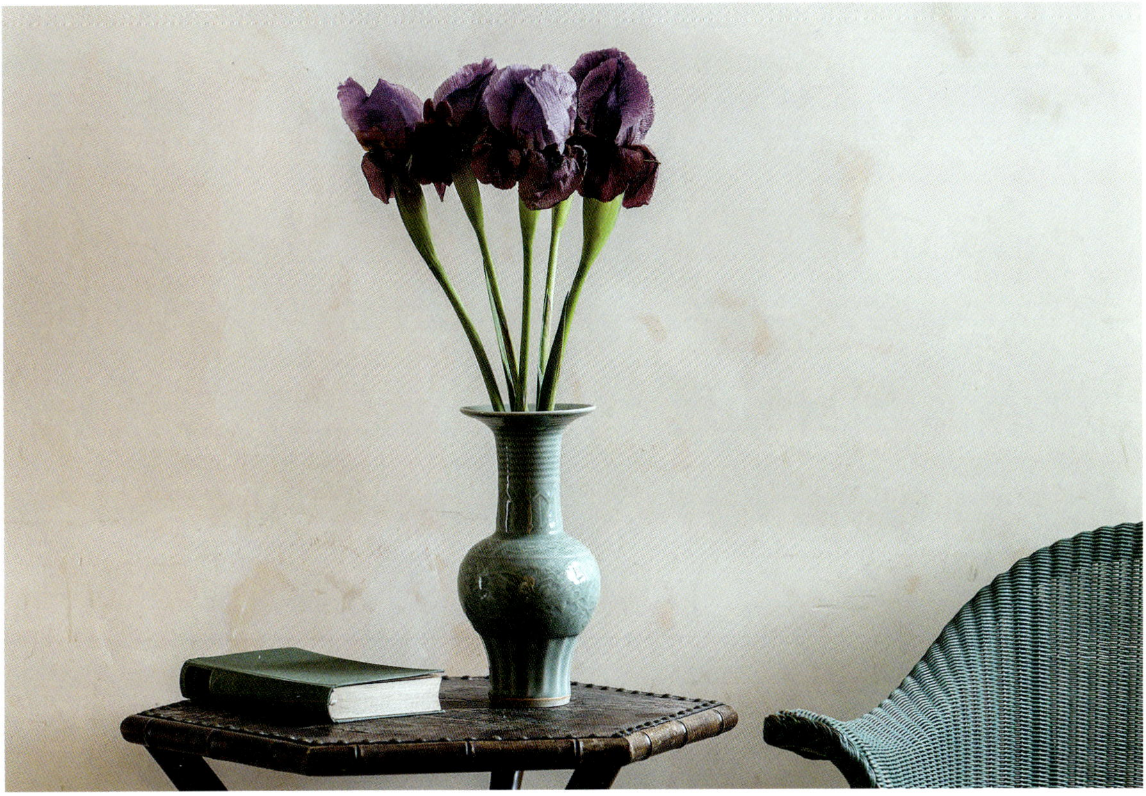

ROGER SAUL
Mulberry
DIE FEINE
ENGLISCHE ART

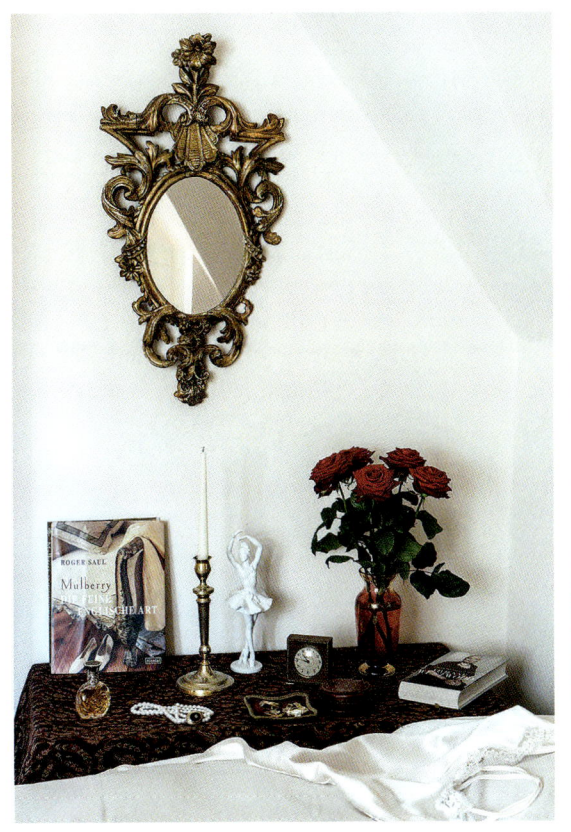

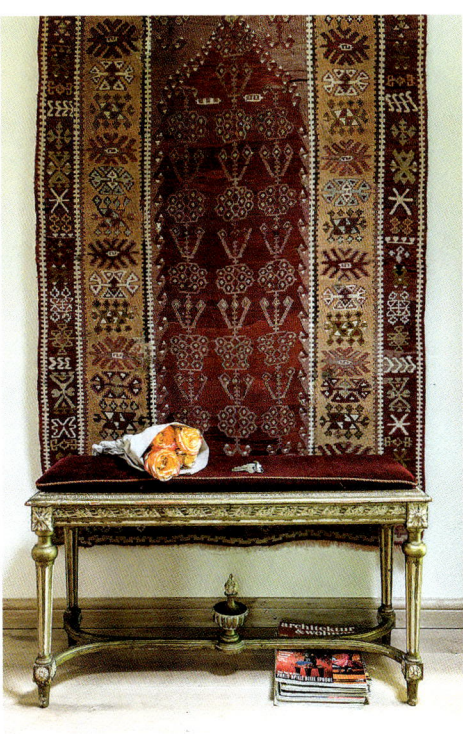

*Oben und rechts:
Das Reiterstandbild,
das meinem Urgroßvater Edgar
Graf von Zedlitz und Trützschler
von seinen Kameraden des
1. Ulanen-Regiments Potsdam
zum Abschied geschenkt
wurde, steht nun bei mir
auf dem Kamin.*

*Gegenüberliegende Seite:
Das Gemälde »Pornichet« meiner
Freundin Erda Müller-Bigell
weckt starke Gefühle.*

nen Hund dabei hatte: »Hunde sind auch nicht immer erfreulich!«, obwohl er Hunde in Wirklichkeit liebt.

Doch wenden wir uns den Blumendekorationen wieder zu: Maggy hat einmal anlässlich eines Konzerts eine hinreißende Winterdekoration für den großen Esstisch zusammengestellt – ebenfalls mit vielen kleinen Väschen, in denen Schneeglöckchen, Krokusse, Winterlinge und Christrosen standen – ganz schlicht und zart. Auch erinnere ich mich gerne an einen Muttertagsstrauß, den Charlotte mir einmal geschenkt hat. Sie hatte Rosen gekauft, aber dass sie sie mit Flieder und Zweigen aus dem Garten eingerahmt hat, machte es so persönlich. Ich habe die Blumen in einen Krug vor die große Stickerei meiner Urgroßmutter gestellt, wo jeder extravagante Strauß besonders gut zur Geltung kommt.

Am Anfang hat Ewald mir oft Blumen mitgebracht, deren Zusammenstellung mir nicht gefiel. Maggy und ich rupfen immer, sobald die Gäste fort sind – sie mögen es uns bitte verzeihen – gnadenlos aus den Sträußen heraus, was uns nicht gefällt. Doch das war bei Ewald nicht möglich, denn er blieb ... So habe ich mir ein Herz genommen und ihn gebeten, mir lieber Blumen einer Sorte zu schenken und auf »schmückendes« Beiwerk, das Blumenverkäuferinnen nur allzu gerne hinzufügen, zu verzichten. Ich glaube, er hat es verstanden, denn jetzt bekomme ich von ihm immer Sträuße, die mir Freude machen!

Liebe Grüße,
D.

Der Garten im Winterschlaf

*So wie Menschen, die gerade fasten,
gerne Kochbücher wälzen, schaue ich mir im Winter stundenlang
Blumenkataloge und Gartenbücher an*

Liebe Lisa,

*Schneeflöckchen, Weißröckchen,
wann kommst du geschneit?
Du wohnst in den Wolken,
dein Weg ist so weit*

Dieses Lied singe ich gerne mit meinen Enkelkindern. In dem amerikanischen Weihnachtslied heißt es »I'm Dreaming of a White Christmas« und man denkt dabei gleich an Dean Martin, der es ziemlich schnulzig singt. Aber zu Weihnachten ist ein bisschen Kitsch erlaubt! »Leise rieselt der Schnee« heißt es auch in dem schlichten, deutschen Weihnachtslied. Wir alle träumen davon. Doch diesmal gab es wieder keine »Weiße Weihnacht« ...

Auch wenn das Timing nicht ganz stimmt, ist jetzt der heiß ersehnte Schnee gekommen. Ich musste natürlich gleich an die Kleinen denken. Wie werden die sich freuen! Sie haben bestimmt schon ihre Schlitten aus dem Keller geholt. Man kommt auch in Stimmung, um ihnen all die winterlichen Bilderbücher vorzulesen, wie *Guck mal, Madita, es schneit!* von

Unten:
Blick auf den verschneiten Barockgarten

Ganz unten:
Christrosen trotzen der Kälte.

Astrid Lindgren. Wenn der Schnee liegen bleibt, kann Ewald mit ihnen einen Schneemann bauen, wie letztes Jahr. Na ja, Gabriel wird bestimmt bald ins Haus wollen – die chilenischen Gene scheinen bei ihm durchgeschlagen zu sein, denn er friert im Winter immer so. Doch Leo wird mit hochroten Wangen an Ewalds Seite sein. Und falls noch mehr Schnee kommt, können sie vielleicht einen Iglu bauen. Das würde Leo gefallen und zur Geschichte *Ich baue mir ein Häuschen* von Hilde Hoffmann passen, die er so liebt.

Neulich habe ich eine alte Postkarte aus Gstaad wiedergefunden, auf der ein Schlitten inmitten einer schneebedeckten Landschaft auf dem Weg vom Internat ins Dorf gerade um die letzte Kurve biegt. Ich kann mich noch gut an die Stimmung erinnern, die herrschte, wenn frischer Schnee gefallen war, worauf wir schon begierig gewartet hatten. Die Berglandschaft wirkte dann wie ein Wintermärchen, der Schnee und die Eiszapfen, die am Dach des Chalets hingen, funkelten in der Sonne und wir freuten uns auf all die winterlichen Attraktionen, auf Rodeln, Schlittschuhlaufen und Skifahren.

Der Schnee, der im Garten alles bedeckt, glitzert im Sonnenlicht, und am liebsten würde ich Ewald davon abhalten, quer durch den Garten zu stapfen, um Futter ins Vogelhaus zu streuen. Wir sitzen gerne mit meinem Opernglas im Wohnzimmer an der Terrassentüre und beobachten das Treiben der Vögel. Oft holen wir uns das kleine Vogelbuch zur Hilfe, um die Vogelarten bestimmen zu können. Aber einfach ist das nicht …

Ab Januar fange ich an, ungeduldig zu werden. Der Winter scheint sich ins Endlose zu dehnen – und das, obwohl noch ein großer Teil vor mir liegt. Manchmal tröste ich mich, indem ich mir eine duftende Hyazinthe kaufe oder eine spektakuläre Amaryllis, deren langsames Wachstum ich verfolgen kann. Den Dezember bekomme ich immer gut herum. Denn der Advent ist so eine gemütliche Zeit. Ich liebe es, wenn es schon früh anfängt zu dämmern und wir bei Tee und Lebkuchen um den Adventskranz herumsitzen, während die Kerzen brennen. Oder wenn wir uns nach einem langen Spaziergang fröstelnd am Kamin niederlassen, den ich mit Tannenzweigen und zahllosen Kerzen und Windlichtern geschmückt habe und in dem ein prasselndes Feuer brennt.

Als Charlotte und Claudio in Chile lebten, haben wir dort das Weihnachtsfest verbracht. Es war schon seltsam, im Sommer und bei größter Hitze Weihnachten zu feiern … Claudio und Ewald haben die Spitze einer großen Tanne abgesägt und den Baum im Garten aufgestellt. Da bei uns nur echte Kerzen in den Baum kommen, hingen diese schon nach kurzer Zeit schlapp herunter. Und irgendwie konnte keine rechte Weihnachtsstimmung aufkommen. Also haben wir uns alle rote Zipfelmützen aufgesetzt, ein Foto am Swimmingpool gemacht und das als eine etwas andere Weihnachtskarte um die Welt geschickt. An Heiligabend waren wir bei Claudios Bruder eingeladen. Es glich eher einer ausgelassenen Sommerparty. Doch zumindest durch die Pute kam weihnachtliche Stimmung auf. Auf der Fahrt dorthin haben wir im Auto unsere Weihnachtslieder gesungen, wodurch sich unser Zusammengehörigkeitsgefühl wieder eingestellt hat – wie das an Weihnachten immer der Fall ist.

Im Winter vermisse ich meine Blumen. Nur ein paar Christrosen blühen am Hauseingang. Es dauert noch so lange, bis der Frühling kommt … So wie Menschen, die gerade fasten, gerne Kochbücher wälzen, schaue ich mir im Winter stundenlang Blumenkataloge und Gartenbücher an und schreibe lange Listen für die nächste Gartensaison. Der arme Gärtner … Wenn ich daran denke, was er demnächst alles für mich besorgen muss, tut er mir jetzt schon leid. Meiner Fantasie entlocke ich die schöns-

ten Blumen, mit denen ich meine Tagträume fülle und die trüben Wintertage verjage. Und nachts habe ich den immer gleichen Traum, wie ich durch einen blühenden Paradiesgarten wandle … Ich muss mich noch gedulden. Umso schöner wird es werden, wenn die ersten Frühlingsblumen durch die zarte Schneedecke spitzen.

Liebe Grüße,
D.

Oben:
Schnee erinnert mich an meine Internatszeit im Marie-José, Gstaad.

Ausklang

Ein Garten ist ein wunderbarer Lehrer. Er lehrt Geduld und die Gabe zu warten, er lehrt Fleiß und Sparsamkeit, aber vor allem lehrt er grenzenloses Vertrauen.

*Gertrude Jekyll
Gärtnerin aus Leidenschaft*

Ich bin nun – widerstrebend – am Ende meines Buches angekommen, denn am liebsten würde ich gar nicht mehr aufhören zu schreiben … Aber da es heißt »Geh, wenn es am schönsten ist!«, schleiche ich mich leise davon und überlasse die Leser ihren eigenen Gärten und ihren eigenen Träumen …

Epilog

Wer kennt es nicht, das Gefühl, die Zeit habe eigentlich nicht gereicht für etwas oder jemanden. Die Ferien, ein Museum, manchmal der Sommer und fast immer der Winter. Jedes Mal kommt etwas zu kurz, dem man eigentlich viel mehr Raum und Zeit hätte einräumen wollen, und man arrangiert sich mit seiner Unzufriedenheit. In dem Fall dieses Buches war es zum ersten Mal nicht so.

Erst eine Mail, dann ein Telefonat und daraufhin ein erstes Treffen. Beim Tee zum winterlichen Blick in den Garten haben wir vereinbart, ein ganzes Jahr darauf zu verwenden, die vorliegenden Texte mit Bildern zu begleiten. Am Ende waren es über ein Jahr und 15 Besuche, an denen ich meine Kamera nicht nur in den Garten eintauchen, sondern auch im Haus die Geschichte hinter so vielen Dingen erfahren konnte. Schon bald war es wie ein Eintauchen in eine vertraute Welt, eine Art Nachhausekommen. Die obligate erste Runde durch den Garten und spätestens, wenn es an die Brezen ging, wären allein diese den Weg wert gewesen. Es wurde vertraut und nah. Dieses Vertrauen ist viel mehr die Voraussetzung für das Gelingen einer solchen Arbeit als gutes Wetter oder Sonnenschein. Es ist das Salz in der Suppe. Ohne die Souveränität, Nähe zuzulassen, bleiben die Bemühungen um eine Annäherung im Ansatz stecken. Meine Kamera hätte auch keine Chance haben können. Stattdessen haben Dina, Ewald und der Kater mich gewähren lassen. Auf diese Weise hatten wir eine Zeit miteinander, die ich nicht missen möchte. Es bleibt davon nicht nur dieses Buch und die vielen unsichtbaren Zeilen und Fotos, sondern viel mehr. Könnte das Buch ein wenig davon transportieren, dann wäre ich froh.

Unabhängig davon aber bin ich vor allem dankbar, Teil dieses Projektes gewesen zu sein und eine so selbstverständliche Gastfreundschaft erfahren zu haben.

Ferdinand Graf Luckner

Erläuterungen

*1 Meine jüngere Tochter Margarethe Mast, genannt »Maggy«, ist freie Bühnenbildnerin. Sie bekam 2014 den Rolf-Mares-Preis für den *Freischütz* am Opernloft Hamburg.

*2 Mein Lebensgefährte Ewald Jarmer war Amateurboxer. Im Jahre 1970, 1971 und 1972 war er Deutscher Meister. 1969 hat er in Bukarest und 1971 in Madrid an den Europameisterschaften, 1971 an den Olympischen Spielen München teilgenommen.

*3 Das Geschlecht von Zedlitz, aus Franken stammend, dann zu den ältesten und angesehensten Geschlechtern Schlesiens gehörend. Die Zedlitze lassen sich bis ins Mittelalter zurückverfolgen. Es waren tapfere Ritter (um 1000 gab es Zedlitze auf den Ritterturnieren in Merseburg), Befehlshaber (zur gleichen Zeit war ein Zedlitz Kommandant auf der Plassenburg), Offiziere und Staatsmänner im Dienst von Fürsten und Königen, wie Ladislaus von Zedlitz und Robert Graf von Zedlitz und Trützschler*5. 1741 sind sie von Friedrich dem Großen in den Adelsstand erhoben worden. Sie waren durch Heirat eng mit dem aus Meißen stammenden Geschlecht Trützschler zu Falkenstein verbunden, wodurch es durch Gottlieb Julius Trützschler zu Falkenstein 1810 zum Zusammenschluss beider Namen und Wappen kam. Er nannte sich von da an Gottlieb Julius von Zedlitz und Trützschler.

*4 *Brautbriefe. Zelle 92. Dietrich Bonhoeffer – Maria von Wedemeyer 1943–1945*, herausgegeben von Ruth-Alice von Bismarck, Verlag C.H. Beck, 1. Auflage der Sonderausgabe 2006.

*5 *Robert Graf von Zedlitz-Trützschler – zwölf Jahre am deutschen Kaiserhof*, herausgegeben von Gerd Fesser, Donat Verlag, 2005.

*6 *Mit dem Mut einer Frau. Ruth von Kleist-Retzow – Matriarchin im Widerstand* von Jane Pejsa, ins Deutsche übersetzt von Beate Springmann, Brendow Verlag, 1999.

*7 Auszug aus einem Artikel der New Yorker Zeitung *NEA (Newspaper Enterprise Association)* über die Ausstellung meiner Urgroßmutter Ida Gräfin von Zedlitz und Trützschler in New York 1930: Real flowers are models for German Countess, who paints with needle – Noblewoman's embroidery work is exhibited in America, von Julia Blanshard: »It is the Countess von Zedlitz of Bad Kissingen, Germany, who created this new needlework. She works exactly like a painter with his palette and brushes, with model before her, a big piece of linen canvass upon which she portrays what she sees. She never sketches in any pattern to go by. Every line, every bit of color is done direct from nature. Her work has received real acclaim in the past few years. Exhibitions have been held in the museums of Munich, Hamburg, Berlin and pieces have been purchased by such notables as Princess Hermine, Baroness Rothschild of Paris, Count Königsmark, the Guggenheims of Germany, and the Nobels of Sweden, and now some of her things have been brought here for exhibition.«

*8 John Ringling North war der Direktor des amerikanischen Zirkus »Ringling Brothers – Barnum & Bailey«. Henry Ringling North*12 war sein Bruder. John Ringling North war mit der Schwester meiner Mutter Ida Gräfin von Zedlitz und Trützschler liiert.

*9 Erda Müller-Bigell, 1963–1968 Sologesang an der Musikhochschule München. Ab 1969 Malerei bei Hildegard Dahnz und HD Müller. Malmittel Öl und Pastell. Diverse Ausstellungen.

*10 JOMAR sind die Initialen von John (JO) und Mable (MA) Ringling (R). John Ringling, ein Onkel von John Ringling North*8, hat Ende des 19. Jahrhunderts zusammen mit seinen Brüdern die berühmte Zirkusdynastie »Ringling Brothers – Barnum & Bailey« begründet. JOMAR hieß auch der Zirkus-Zug im Stil des Art déco. John Ringling North hat den Zirkus von seinen Onkels übernommen.

*11 Mit seiner Frau Mable hat John Ringling in Sarasota, Florida, das Schloss Ca d'Zan – in italienischem Dialekt »Das Haus von John« – nach venezianischem Vorbild für sich erbauen lassen. Es heißt jetzt »John and Mable Ringling Museum of Art«. John Ringling war der Onkel von John Ringling North*8.

*12 *The Circus Kings – Our Ringling Family Story*, ein Buch von Henry Ringling North und Alden Hatch, Doubleday and Company New York, 1960.

*13 *The greatest Show on Earth*, Slogan des »Barnum & Bailey-Circus« sowie ein Film von Cecil de Mille, 1952, mit Charlton Heston und James Stewart.

*14 Mein Vater Geert Jan van Driesten begründete Mitte der Dreißigerjahre das Mundharmonika-Ensemble »The Hotchas«, das spätere weltberühmte »Hotcha-Trio«. Es wurde 1970 aufgelöst.

*15 »Münchner Klavierpodium der Jugend«, Internationaler Klavierwettbewerb unter der Leitung von Simon Gourari.

*16 »Junger Münchner Jazzpreis«, von mucjazz ins Leben gerufener Jazz-Wettbewerb, der einmal jährlich im Jazzclub Unterfahrt stattfindet. Seit 2013 wird in diesem Rahmen der »Dina van Driesten«-Jazzpreis vergeben.

*17 Meine Großcousine Bally Prell, bayrische Vortragskünstlerin, berühmt geworden mit dem »Isarmärchen« und als »Schönheitskönigin von Schneizlreuth«.

*18 Bally Prell – Aufnahmen 1955–1973.

*19 Dr. Fritz Fenzl, Autor von »Magische Kraftorte in Bayern«, Rosenheimer Verlagshaus, 2014.

*20 Mein Neffe Merijn van Driesten, Kapellmeister und Studienleiter am Theater Bielefeld, Dirigent des Sinfonieorchester Paderborn.

*21 *Wer was versteht von Gemütlichkeit* von Heike Frey und Cornelie Müller, Verlag Dölling und Galitz, 2003, ein Buch über meine Großcousine Bally Prell.

*22 Rudi Tröger, absolvierte in Marktleuthen in Oberfranken 1946–1949 eine Ausbildung beim Kunstmaler Wilhelm Beindorf. Danach studierte er bis 1957 an der Akademie der Bildenden Künste in München bei Hans Gött und Erich Glette. 1967 wurde er als Lehrer an die Akademie der Bildenden Künste München berufen und unterrichtete dort bis 1992. Tröger hatte Ausstellungen unter anderem in New York und Zürich. Im Hubertussaal der Münchner Residenz hängen zehn große Gartenbilder von ihm. Seine Malerei wird sowohl als gegenständlich als auch expressiv, sowohl realistisch als auch abstrakt beschrieben.

*23 Das Ballett »Carise« wurde von Erna Carise begründet, bekannt durch die Rolle der Joséphine Baker im Film *Die Königin der Revue*. Es war an kein Theater fest gebunden, sondern mit einem wechselnden Varieté-Programm durch ganz Europa auf Tour. Ende der Dreißigerjahre gab es eine Tournee durch Südamerika. Das Ballett »Carise« war eine Offenbarung der Tanzkunst mit großen Prunkausstattungen, Akrobatik und Sketchen. Es wurde für große Operetteninszenierungen engagiert, wie 1938 in *Frau Luna* im Admiralspalast Berlin.

*24 John Neufeld, Sohn des Violinisten Erno Neufeld, ist Solo-Klarinettist, Komponist und Arrangeur. Er orchestrierte die Musik von John Williams in *Schindlers Liste*, *Der Soldat James Ryan*, *Sieben Jahre in Tibet*, *Jurassic Parc*, *Star Wars* etc.

*25 Mein Bruder Roelof van Driesten, im Familienkreis »Rolly« genannt, hat seine musikalische Laufbahn als 2. Konzertmeister bei den »Rotterdamer Philharmonikern« angefangen, wo er dann später zum Assistenz-Dirigenten ernannt wurde. Als freiberuflicher Dirigent war er öfters als Gast-Dirigent bei den »Rotterdamer Philharmonikern« tätig. Als Chef-Dirigent leitete er das »Nordholländische Philharmonische Orchester«, das »Brabants Orchester« und das »Niederländische Ballett-Orchester« und war verantwortlich für die musikalische Begleitung der zwei führenden Ballett-Gesellschaften »Das Nationale Ballett« und das »NDT«, das Niederländische Tanztheater. Gastdirigate führten ihn durch Europa und die USA.

*26 Sandra Urba, Preisträgerin der »Marmortaste« und des »Dina van Driesten«-Preises beim »11. Münchner Klavierpodium der Jugend 2011« *15.

*27 Ines Höpfl und Clara Siegle, Preisträgerinnen des »Dina van Driesten«-Preises beim »12. Münchner Klavierpodium der Jugend 2012« *15.

Literatur

Balzer, Georg: Goethe als Gartenfreund, Bruckmann, 1978.

Barker, Mary Cicely: Frühling, Sommer, Herbst und Winter. Es wohnt ein Elf in jeder Blüte, Parabel, 1986.

Bergenström, Fanny: Von Blumen. Im Haus. Im Garten. In der Küche, Artea, 1999.

Foerster, Karl: Blauer Schatz der Gärten, Ulmer, 1990.

Frey, Heike und Müller, Cornelie: Wer was versteht von Gemütlichkeit, Dölling und Galitz, 2003.

Hodgson-Burnett, Frances: Der geheime Garten, Urachhaus, 2009.

Hoffmann, Hilde: Ich baue mir ein Häuschen, Gerhard Stalling, 1961.

Lindgren, Astrid: Guck mal, Madita, es schneit, Oetinger, 1984.

Mann, Monika: Das fahrende Haus, Rowohlt, 2007.

Proust, Marcel: Auf der Suche nach der verlorenen Zeit, Reclam, 2013.

Ringling North, Henry und Hatch, Alden: The Circus Kings – Our Ringling Family Story, Doubleday and Company New York, 1960.

Roehm, Caroline: A Passion for Flowers, Harper Collins Publishers, 1997.

Saladino, John: John Saladino Stil, Gerstenberg, 2001.

von Arnim, Elizabeth: Elizabeth und ihr Garten, Insel Taschenbuch, 1990.

von Fallersleben, Hoffmann: Ward ein Blümchen mir geschenket, Gerhard Stalling, 1966.

Westermanns Monatshefte, Ausgabe 4/1931, Verlag George Westermann, 1931.

Wild, Maria: Ich freue mich jeder Blume, Eintrag ins Poesiealbum der Autorin

Woolf, Virginia: Ein Zimmer für sich allein, Fischer, 1997.

© Oskar Luckner

Dina van Driesten,

Mutter von drei Kindern, lebt seit 25 Jahren in Gräfelfing. Das Schreiben, das sie ein Leben lang begleitet, bedeutet für sie, mit sich selbst in einen Dialog zu treten und die Welt schreibend zu begreifen. Daher wählt sie gerne die Brief- oder Tagebuchform. In ihrem Garten hat sie sich den Lebenstraum von einem Barockgarten mit historischen Rosen erfüllt. An diesem Ort sucht sie Antworten auf die Frage nach dem Sinn des Lebens. Auch das Gestalten ihres Hauses, das Freunde als ein »Schatzkästchen« bezeichnen, stellt für sie eine lebenslange Herausforderung dar. Es wird zum Treffpunkt für junge Künstler, die sie mit dem »Dina van Driesten«-Preis fördert. Sie strebt im Ideal von Harmonie und Schönheit nach Erfüllung. Die Freude und Begeisterung daran und das damit verbundene Lebensgefühl lösen bei ihr das Bedürfnis aus, sich anderen mitzuteilen und daran teilhaben zu lassen.

Ferdinand Graf Luckner

hat sich beide Welten von der Pike auf erobert: das Reich der Pflanzen und die Fotografie. Der eine Weg begann im elterlichen Garten und setzte sich mit Ferienjobs als Erntehelfer fort. Der andere Werdegang führte ihn aus improvisierten Dunkelkammern und mittels Second-Hand-Kameras unbeirrbar zu dem Studien- und Berufsziel, sich dem visuellen Geschichtenerzählen zu widmen. Dank stilsicheren Einfühlungsvermögens und perfekter Technik genießt Luckner den Ruf eines exzellenten Reportagefotografen, der sich in jeglichem Metier – Architektur, Wohnen, Reise, Landschaft, besonders gern: Garten! – gleichermaßen zu Hause fühlt. Trotz zahlloser Veröffentlichungen in Premium- und Special-Interest-Magazinen sowie in Buchform lautet sein Credo nach wie vor: Zwar sind schon alle Fotos gemacht, aber noch lange nicht alle Geschichten erzählt. Näheres und Weiteres unter *www.graf-luckner.de*.

Impressum

Texte: Dina van Driesten
Fotos: Ferdinand Graf Luckner, außer Ewald Jarmer (S. 29 oben rechts, S. 38 unten links, S. 91 oben, S. 118 Mitte rechts); Oskar Luckner (S. 175 rechts)
Covergestaltung und Satz: Niels Bonnemeier
Lektorat: Antje Krause
Produktmanagement: Christine Rauch
Druck und Bindung: DZS Grafik, Slowenien

© Lifestyle BusseSeewald in der frechverlag GmbH,
Turbinenstraße 7, 70499 Stuttgart, 2018

Künstlernachweis der Gemälde: Antike Radierung (S. 132); Peter Arno (S. 48, Cartoons und Karikaturen); Charles Baskerville (S. 48, Zirkusplakat); Ludwig Bemelmans (S. 48, Pferdeaquarell); Dina Bokhoven (S. 102, Blumengemälde unten links); H.D. Müller (S. 11); Erda Müller-Bigell (S. 23, S. 147, S. 159); Niederlande, 18. Jh. (S. 105); Jochen Pankrath (S. 152); Ferdinand Tomm (S. 122); Friedrich Tomm (S. 49); Rudi Tröger (S. 7, S. 102, Blumengemälde oben rechts)

Angaben und Hinweise in diesem Buch wurden von der Autorin und den Mitarbeitern des Verlags sorgfältig geprüft. Eine Garantie wird jedoch nicht übernommen. Autorin und Verlag können für eventuell auftretende Fehler oder Schäden nicht haftbar gemacht werden. Das Werk ist urheberrechtlich geschützt. Die Vervielfältigung und Verbreitung ist, außer für private, nicht kommerzielle Zwecke, untersagt und wird zivil- und strafrechtlich verfolgt. Dies gilt insbesondere für eine Verbreitung des Werkes durch Fotokopien, Film, Funk und Fernsehen, elektronische Medien und Internet sowie für eine gewerbliche Nutzung.

1. Auflage 2018

ISBN: 978-3-7724-7472-9
Best.-Nr. 7472